누구라도 그렇게 되는 것은 아니지만 누구라도 그렇게 될 수 있다

아동학대의 불편한 진실

현정환

박영story

PREFACE

들어가는 글

"아기의 얼굴에 수건을 덮고는 아기의 머리를 욕조 물에 집어넣었습니다. 그러면서 마음속으로 '죽여서 미안해요'라고 반복해서 되뇌었습니다. 아기의 머리를 욕조에 집어넣고 조금 지나자 더는 움직이지 않았기에 '죽었구나'라고 생각하고는 욕조에서 끄집어냈습니다. 욕조에서 꺼낸 아기는 울지 않았고, 태어날 때 그렇게 움직였던 다리가 전혀 움직이지 않았기에 죽었다고 생각했습니다."

외국에서 발생한 부모에 의한 아동살해 사건 이야기이다. 생명은 존엄하다. 새 생명의 탄생은 그 누구나 축복받아야 마땅하지만, 그렇지 못한 생명이 있다는 건 우리를 우울하게 만든다.

아동살해나 학대 사건은 우리나라도 예외가 아니다. 생활고에 시달린 끝에 초등학생 두 자녀를 살해한 40대 어머니, 온몸에 멍이 든 채 숨진 아이, 냉장고에서 발견된 아기의 시신, 쓰레기로 가득한 고시원 방에서 홀로 곰팡이 핀 음료와 상한 음식을 먹고 있었던 8살 아이…. 우리 사회의 아동학대도 끝없다.

아동학대 사건이 터질 때마다 우리 사회는 분노한다. 너도나도 절대 가볍지 않은 비난과 강력한 처벌의 목소리를 쏟아낸다. 전문가라는 사람들은 "자녀를 소유물로 보는 게 문제입니다"라고 분석하면서 학대자의 일그러진 자아를 질타한다. 미디어는 하나 같이 대중의 분노의 대변자 역할을 충실히 수행하고자 사건을 연일 되새김질한다.

솔직히 말하면 필자는 이 모든 게 거북스럽다. 마치 사회 정의 구현의 사도가 된 것처럼 아동 학대자에 대해 분노하고 강력한 처벌을 외치는 자를 볼 때면 그들이 언제부터 아동 인권 지킴이의 선봉장이 되고 싶었는지 질문하고 싶어진다.

마치 독심술의 마법을 부리는 것처럼 거침없이 학대자의 마음을 진단하는 전문가라는 사람들의 분석을 들어보면 본인 취향의 정보로 무장한 관념적인 교양인의 정형화된 진단 그 이상의 것은 보이지 않는다.

각종 미디어는 사람들의 눈과 귀를 유혹하기 위한 영상이나 자극적인 표현을 찾느라 노력하는 몸부림이 애처롭고, 마치 아동 학대자를 본질에서 우리와는 다른 인간임을 확신시켜 부담 없이 학대자를 비난할 수 있도록 그 마음을 챙기느라 여념이 없다.

물론 아동학대 행위는 절대 있어서는 안 된다. 그리고 그 행위의 책임은 절대 가볍지 않다는 사실도 분명하다. 다만 필자는 아동 학대자에 대한 비난이나 처벌의 목소리가 거북하게 느껴지는 이유는 "왜"라는 당연한 의문 없이 낭만적 도덕론에 심취해 관념적 정론을 펼치는 자들의 목소리가 자신의 분노 해소 이상의 그 무엇도 느껴지지 않기 때문이다.

중세 시대, 유럽에서는 "남의 집 닭을 훔쳐서는 안 된다"는 법이 있었다고 한다. 아마 당시 법으로 정해야 할 정도로 남의 집 닭을 훔치는 사람이 많았던 거 같다. 그런데 만일 닭을 훔쳐서 안 된다는 법을 만들어 엄하게 처벌하여도 여전히 닭을 훔치는 사람이 많다면 어떻게 할 것인가?

아동학대 문제를 풀고자 할 때도 이런 질문을 피할 수 없다. 아무리 강력하게 처벌하여도, 아무리 예방 교육이나 감시 체제를 강화할지라도 아동학대가 좀처럼 줄어들지 않는다면 어떻게 할 것인가? 사실 아동학대 예방에는 교육이나 강력한 처벌, 감시 시스템은 거의 무의미하다. 만일 교육이나 감시, 강력한 처벌 등의 대응책으로 아동학대 문제가 해결된다면 우리나라는 벌써 아동학대 제로에 가까운 나라가 되었을 것이다.

아동학대의 세계에는 두 가지의 불편한 공식이 존재한다. 하나는 가해자의 80% 이상이 부모라는 사실이다. 이 공식은 아동학대 예방의 선진국이든 후진국이든 크게 다르지 않다. 또한 동서고금을 막론하고 거의 부동의 사실이기도 하다. 부모라는 존재는 아이에게 행복을 가져다주는 존재이지만, 일부 아이들에게는 그렇지 않다는 이야기는 이해하기 어렵겠지만, 현실은 그렇다.

또 하나의 불편한 진실은 아동학대는 모성애가 결핍된 부모나 사명감이 부족한 교사가 저지르게 되는 행위가 아니라는 사실이다. 그 모습은 감당하기 힘든 열악한 상황에 놓여 있는 인간의 인격이 굴복당한 안타까움이다.

인간은 사회적 규범 속에서 아이를 키워나가지만, 일상적 삶이 무너지고 살아가는 게 불가능해지면 양육자의 마음에 성모 마리아상을 기대하는 것은 무리다. 우리가 생각하는 '자녀 양육'이란 어디까지나 가족이라는 울타리가 경제적, 심리적, 사회적으로 보호를 받고 있을 때 가능한 행동이다. 그러나 가족이라는 이런 울타리가 보호를 받을 수 없는 상황에 놓이게 되면 인간은 가족 가운데 가장 힘없는 자의 희생을 기대한다.

이런 사람에게 도덕적 규범이나 학대를 규정하고 있는 아동복지법, 또는 발달심리학의 애착이론을 적용하는 것은 완전히 무의미하다. 현대 문화는 어머니의 마음에 성모 마리아상의 그림을 그려놓지만, 감당하기 힘든 극한 상황에 놓이게 되면 인간의 인간성은 그 그림을 가차 없이 지워버린다.

인간 마음의 메커니즘은 천사를 지향하는 시스템이 아니라, 적응의 원리에 의해 승리자를 지향하는 시스템으로 구축되어 있다. 그래서 인간의 마음은 눈앞의 상황에 따라 자신의 도덕성이나 성실성을 유연하게 바꾸어 나가는 계산 시스템이 작동하고 있다. 미국의 노스이스턴 대학 심리학 교수 데이비드 드스테노 박사[1]는 자신의 일련의 연구를 통해 "인간의 도덕성은 신의 선물이 아니며, 상황에 따라 한없이 무너지는 허약함 그 자체이다"라고 결론 내리면서 인간의 인간성을 이렇게 설명하고 있다.

"성자(聖者)라고 불리는 사람이라고 할지라도 죄인이 될 수 있으며, 죄인이라도 상황만 허락한다면 성자가 될 수 있다."

그러기에 누구라도 아동 학대자가 되는 것은 아니지만, 누구라도 아동 학대자가 되는 것은 절대 이상하지 않다. 2020년 초에 발생한 세계적인 대유행 병, '코로나19'를 우리는 잘 알고 있다. 이때 세계 각국은 코로나 감염의 공포에 떨었다. 그런데 당시 코로나 전염과 함께 폭발적인 증가 현상을 보인 사회적인 문제가 하나 있었다. 그것은 아동학대의 발생률이었다. 코로나 이전보다 무려 80~90%나 증가했다. 밖으로 나가지도 못하고 온종일 집 안에 갇혀 아이를 돌봐야 하는 부모들의 육아 피로도는 모성애를 넘어서 버렸다.

인간은 도덕적으로 완전무결하지 않으며, 자신이 처해있는 상황에 따라 성실성이나 도덕성이 유연하게 달라진다는 사실을 이해한다면 아동학대를 분노하는 자들의 마음에도 언제든지 아동학대의 몽우리가 싹틀 수 있다는 이야기는 전혀 이상하지 않다. 하지만 이런 논리를 불쾌하게 생각하거나 나와는 상관이 없다고 생각한다면 우리 사회의 아동학대 문제 해결은 요원하다.

본서의 집필 동기는 크게 다음 2가지이다. 하나는 '아동학대'가 발생하면 우리 사회는 '왜'라는 의문 없이 성급한 분노와 강력한 처벌의 목소리로만 가득 차 버리는가에 대한 의문이다. 학대자의 마음에도 당신과 다름없는 선한 사마리아인이 살고 있지만, 우리가 그 모습을 볼 수 없는 것은 왜일까?

이에 대한 의문을 가진다면 '아동권리와 인권 존중'이라고 하는 값싼 슬로건으로 현혹하는 것이 아니라, 강력한 처벌이라고 하는 경고로 위협하는 것이 아니라, 또는 감시라고 하는 비인격적인 방법으로 통제하는 것이 아니라, 보다 지성적인 방법을 고민하게 될 것이다. 그것은 인간 마음의 움직임을 이해하고, 이를 바탕으로 "어떻게 하면 학대가 발생하기 어려운 상황이나 환경을 만들 수 있을까?"에 대한 고민일 것이다.

또 하나는 '실체가 없는 아동학대 탄생'에 익숙한 우리 사회의 무감각이다. 오늘날 보육과 교육의 세계에 낭만적이고 관념론적 아동 인권론과 복지론이 어떤 머뭇거림도 없이 날개를 달고 훨훨 날고 있다. 그러다 보니 아동학대 판단의 칼날은 마치 'free size shoes(크기가 자유로운 신발)'가 되어 어디로 향할지 알 수 없는 광대의 춤이 되어 버렸다. 이 때문에 보육이나 교육의 세계는 훈육과 학대의 경계선이 사라지고, 인간의 실수나 부적절한 대응 등의 시행착오도 허용하지 않는 상황이 되어 버렸다. 이런 상황은 분명히 비지성이다. 그 결과물은 '아이들의 살아가는 힘'의 침묵이다.

아이들은 성장하여 언젠가는 부모 곁을 떠나 험난한 세상과 마주해야 한다. 이때 필요한 것은 그때그때 살아가는 힘의 발휘다. 살아가는 힘에는 '생각하는 힘', '견디는 힘' 그리고 '타인과 함께하는 힘'이 필요하다. 그런데 이런 힘의 탄생은 행복한 경험만으로는 부족하다. 성장 과정에서 실패나 시련, 결핍의 경험도 필요하다.

그러나 오늘날 우리 사회의 낭만적 아동 인권론자들은 아이의 시련이나 결핍을 문제 삼고 있다. 일찍이 14세기 중세 이슬람 역사 사상가 이븐 할둔은 시련이나 결핍을 모르는 문명 속에 사는 인간은 의지와 인내심, 그리고 단결력이 약화될 수밖에 없어 결국 그 문명은 몰락하게 된다고 보았다.

오늘날 우리 사회의 양육론이나 교육 정론(正論)은 아이와는 너무 동떨어진 낭만적 아동행복론과 관념론적인 아동 인권론에 빠져있다. 이 때문에 '실체가 없는 아동학대'의 희생자가 생산되고, 아이들은 의지력과 인내력, 그리고 공동체 의식의 약화라고 하는 대가를 치르고 있다. 아동권리와 인권 존중이라는 명목 아래 아이들의 성장에서 이런 소중한 것을 빼앗아 버리는 어리석음은 스페인 철학자 오르테가의 다음 비유가 적절하다.

"그들은 빵을 찾고 있지만, 스스로 빵집을 파괴하고 있다."

본서는 이런 어리석음이 반복되지 않기 위한 해법을 찾기 위해 발달심리학, 사회심리학, 신경심리학(뇌과학), 범죄심리학, 법학, 정신의학, 행동경제학, 문화인류학, 철학, 사회학 등 다양한 분야의 학문 이야기를 도움받았다.

책의 구성은 다음과 같다. 먼저 제1부에서는 아동학대의 오해(특히 가해자와 피해 아동에 대해서)에 대한 문제, 제2부에서는 실체가 없는 아동학대를 탄생시키는 문제, 제3부에서는 'free size shoes'가 되어버린 광범위한 아동학대 해석의 문제, 제4부에서는 이로 인해 발생하는 양육과 교육의 문제를 다루었다. 제5부에서는 아동학대 예방 교육과 처벌의 무용론, 그리고 감시 시스템(CCTV)의 문제를 실었다. 끝으로 제6부에서는 인간 마음의 움직임을 이해하고, 이를 바탕으로 "어떻게 하면 학대가 발생하기 어려운 상황이나 환경을 만들 수 있을까?"에 대한 이야기를 담았다.

하늘의 천사가 미소 머금고 바라보는 환상을 그리고 있는 아이를 왜 선생님들은 조심스럽게 다가가야 하는가?

하늘로 쏘아 올린 종이비행기가 허공에서 허둥대며 떨어지면 장난기 많은 요정의 마술이라고 착각하며 깔깔 웃어대는 어린아이를 왜 온몸으로 안아줄 수 없는가?

이 의문들은 우리를 슬프게 한다. 모두 '학대의 오해'가 낳은 저주를 두려워해서이다. 이제 이 의문의 슬픔을 공유하기 위해 첫 장을 펴보자.

CONTENTS

차 례

PART 1
아동학대에 대한 오해

PART 3
3가지 덫

PART 4
야만의 희생

PART 5
과연 도움이 되는 방법인가?

PART 6
아동학대의 출구를 찾아서

종결편
권태와 환멸의 시간

PART 1

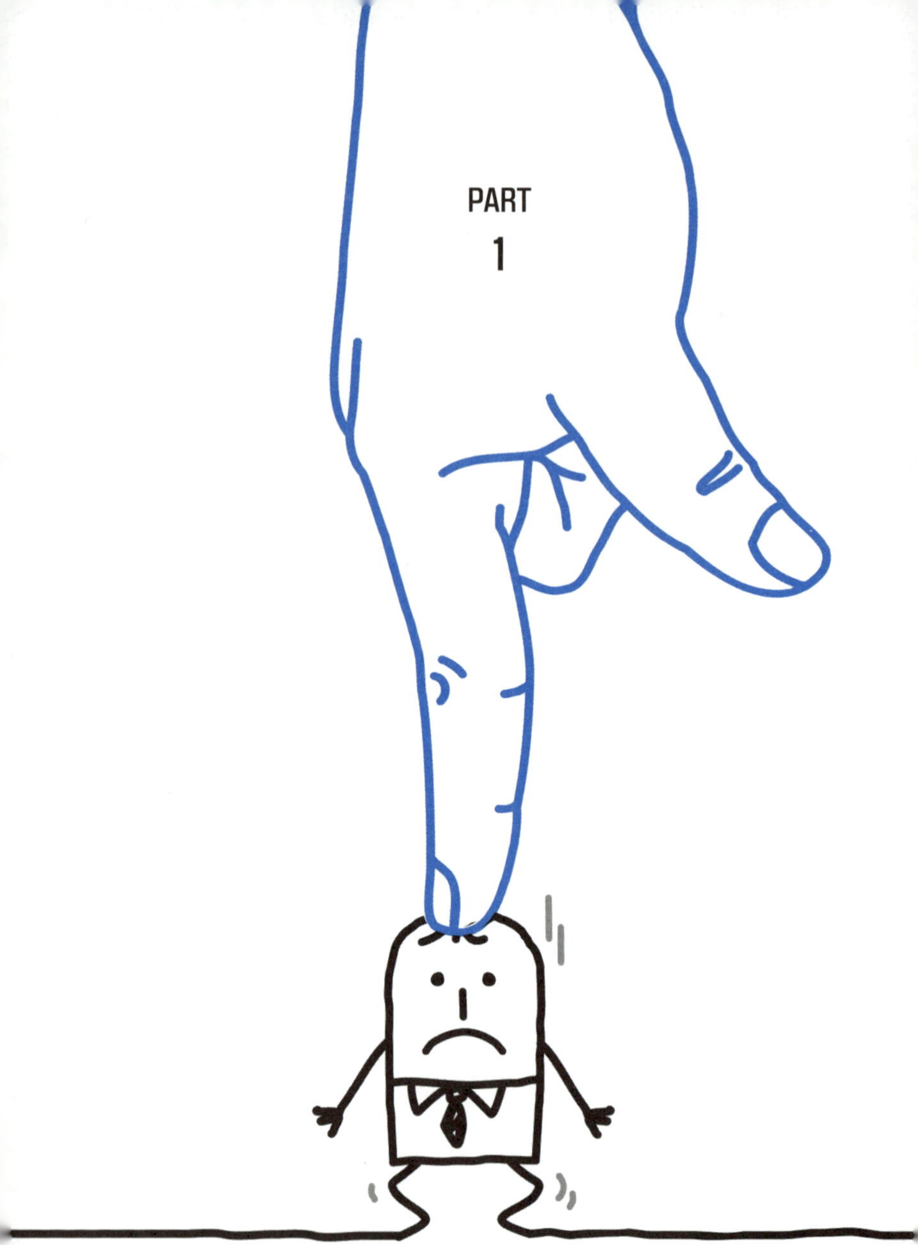

아동학대에 대한 오해

처벌은 좋다.
그러나 회복되고 도와주면 더 좋다.

- 독일의 범죄 심리학자, 드 그레후 -

CHAPTER 01

아동학대 개념의 탄생

"아이를 키우는 게 어렵다, 힘들다."

아마 이 말에 동의하지 않을 부모는 없을 것이다. 이론적으로 보면 부모들의 이런 고민은 전혀 문제가 될 것은 없다. 양육의 세계란, 원래 당황스러운 세계이기 때문이다. 그런데 이 당연함을 그대로 받아들이지 못하는 부모의 마음은 언제나 불안하고 지친다. 그리고 자책하기도 한다.

아마 옛날 부모들은 이런 마음이 조금은 덜 했을는지도 모른다. 전통사회는 지금처럼 부모들에게 '부적절한 양육'에 대해 책임을 묻지 않았다. 그리고 '부모다움'도 요구하지도 않았다. 덴마크의 사회학자 라루스 덴시크 박사는 "아동학대의 역사는 100년도 채 되지 않는다"고 하면서 전통사회에서는 아이가 방치되거나 학대를 받는 상황이 되어도 그것이 사회적으로 문제가 되거나 부모 자신도 자식에 대한 그런 행위에 대해 죄의식이 없었다는 사실을 보고하고 있다. 그 배경에는 당시 사회는 지금보다 육아 문제에 대한 책임이 '어머니'라는 한 개인보다는 가족이나 사회 공동체의 책임이라는 의식이 강했기 때문이다. 그리고 지금보다 아동 인권에 대한 개념도 약했기 때문이다.

그러나 시대가 변하여 애착 이론(아이의 건강한 성장, 발달에는 어머니의 사랑이 무엇보다도 중요하다)이 탄생하면서 어머니의 역할이 강조되고, 아동 권리에 대한 인식도 변화하면서 현대사회는 부모에게 '부모다움'을 요구하기 시작한다. 그리고 여기에다 '부모답지 못한 행동'에 대한 문제를 제기하면서 탄생한 단어가 '학대'라는 용어이다.

그러니까 '학대'라는 단어의 탄생 배경은 이렇다. 현대사회에 들어서서 아이 양육이 부모 개인의 사적인 책임이나 역할이라고 하는 의식으로 축소화되면서, 그 역할이나 책임을 다하지 못하고 있는 행위가 사회적으로 이슈화되면서 탄생한 개념이다. 한마디로 현대 문명의 산물이라고 할 수 있다. 학대방지법(아동복지법)은 이런 시대적 사회적 변화의 흐름에 의해 그것을 구체적으로 반영하기 위해 만들어진 법적 조치이다.

'아동학대(child abuse)'라는 단어를 최초로 사용한 나라는 미국이다. 당시 이 용어는 신체 의학 용어였다. 제2차 세계대전

후 미국에서 부상자 치료로 X선 검사 등 진단기술이 발달하면서 아동 환자들 가운데 가끔씩 뼈에 금이 가고 부러진 사례를 발견하게 된다. 그런데 이런 사례 가운데 의학적 소견에서 가정폭력 이외에 다른 원인을 찾을 수 없는 현상을 발견하게 된다. 1962년 미국의 소아과 의사 헨리 켐프 박사[1]는 이런 현상을 '구타당한 아동 증후군(battered child syndrome)'이라고 하는 명칭을 붙여서 학회에 발표하게 된다. 현대사회가 아동학대에 관해 관심을 두기 시작한 때는 이때부터이다.

1950, 60년대의 미국 홈드라마는 자유롭고 행복으로 가득한 가족 분위기를 느끼게 하는 게 많다. 당시 이런 모습은 미국의 일반적인 가정의 모습이기도 했다. 그 모습은 "사랑, 이해, 책임"으로 굳게 맺어진 가족 간의 깊은 애정과 신뢰라고 하는 이미지다. 이런 모습은 평소 미국인들의 가치관이나 이념과도 일치하는 것이었다.

그런데 가족에 대한 이런 보편적 이미지나 가치관을 소유하고 있던 사회에서 부모에 의한 아동학대 사건이 발생하자, 미국사회는 큰 충격에 휩싸인다. 당시 사람들은 아동 학대자가 부모라는 사실을 믿지 않았다고 한다. 평소 가족에 대한 자신들의 가치관이나 이념과 일치하지 않았기 때문이다.

하지만 이후에도 끝없이 이런 유사한 문제가 발생하자, 미국사회는 아동에 대한 폭력 행위를 매우 심각한 문제로 인식하기 시작하면서 1974년에 「아동학대 예방 및 대응에 관한 법령(Child Abuse Prevention and Treatment Act)」을 제정하기에 이른다.

오늘날은 '신체적 학대'만이 아니라, 음식을 제공하지 않거나 아이를 돌보지 않고 내버려 두는 행위(방임), 아이를 성적 대상으로 삼는 '성적 학대', 그리고 신체적 학대와 같이 물리적으로 해가 되는 행위가 아닐지라도 아이를 심하게 혼내거나 협박하는 행위도 '정서적 학대'로 문제 삼고 있다. 대개 이 4가지 행위를 하나의 카테고리로 범주화하여 학계에서는 '아동학대'라고 일컫고 있다. 그리고 그 판단의 기준은 어디까지나 "아이의 생존권이나 인권을 현저하게 침해했는가"에 초점이 맞춰져 있다.

CHAPTER 02

아동 학대자에 대한 오해

··· 양육의 세계는 아이와의 공동 사업이다

먼저 당신에게 황당한 질문(?)을 하나 던져보자.

"아동학대의 책임은 가해자에게 있는가? 아동에게 있는가?"

아마 당신은 이 질문에 화를 내면서 말도 안 된다고 생각할지 모른다. 하지만 이론적으로 보면 충분히 가능한 질문이다. 아동학대 문제를 풀어나가기 위해서는 우리는 반드시 이 말도 안 되는 질문과 마주해야 한다.

아동 발달연구를 통해서 명백히 밝혀진 결론[1]이 하나 있다. 양육의 세계란?

"아이와의 공동사업의 세계이다."

당신은 양육의 세계를 **'공동사업'**의 개념으로 비유해서 불쾌하게 느껴질지는 모르지만, 발달심리학자들은 결코 이 개념을 양보하지 않는다. 왜냐면 아이의 성장이나 발달은 양육자의 일방적인 노력만으로 어렵고, 아이의 노력도 함께 보태져야 하기 때문이다. 이게 발달이론의 정론(正論)이다.

아마 당신은 이런 말을 들어본 적이 있을 것이다. "그 부모를 만나보면 아이의 문제를 이해할 수 있다." 만일 당신에게 이런 말을 하는 사람이 있다면 당신은 그 사람을 아동발달에 대해 거의 문외한이라고 생각해도 괜찮다.

이제까지 우리 상식은 아이의 심리적 발달은 거의 부모의 양육 방식으로 설명할 수 있다고 생각해왔다. 그러나 과학적 연구 이야기는 다르다. 부모의 양육 방식은 아이의 성장에 부분적으로 영향을 미칠지는 모르지만, 아이의 성장을 좌우하지는 않는다. 부모들도 이런 사실을 경험적으로 잘 알고 있다. 그래서 평소 이런 말을 종종 내뱉기도 한다.

"자식은 내 마음대로 할 수 없어."

미국의 발달심리학자, 하리스[2]는 그의 저서 『육아의 대오해』에서 이렇게 말하고 있다.

"부모가 애정으로 키우면 아이는 상냥한 아이가 되고, 아이가 잠자기 전에 책을 읽어주면 공부를 좋아하는 아이가 되고, 아이가 혼자서 자도록 해주면 독립심이 강한 아이가 되고, 아이에게 체벌을 자주 사용하게 되면 공격적인 아이가 된다고 하는 것은 모두 그릇된 이해이다."

포르센과 호에본[3)]은 자녀 양육에 있어 부모의 영향력에 관한 연구물, 62편의 논문을 분석하고는 이런 결론을 내렸다.

"일반적으로 우리가 생각하는 만큼 부모의 영향력은 그렇게 크지 않다. 그 영향력은 극히 한정적이다. 예를 들어 종교나 식습관 정도."

미국의 발달심리학자 체스 연구팀[4)]은 뉴욕에서 수년에 걸쳐 아이들의 문제행동이 나타나는 과정과 이들 부모의 양육태도를 추적조사를 하면서 내린 결론은 이렇다.

"아이의 문제행동은 반드시 부모의 건강하지 못한 양육 태도에 문제가 있다고 하는 인식이 널리 퍼져있다. 하지만, 그것은 완전히 잘못된 것이다. 부모의 양육행위를 이분법으로 '좋다, 나쁘다'라고 평가하는 것은 바람직하지 않으며 완전히 무의미하다."

오늘날 대부분의 발달심리학자는 아이의 성장에 있어 부모의 영향력이 절대적이라고 하는 믿음은 거의 갖고 있지 않다. 그럼에도 우리는 왜 여전히 아이에게 부모의 영향력이 굉장한 것으로 믿고 있는 것일까? 아마 아이는 부모와 가장 많은 시간을 보내고 있어서 그렇게 생각하고 있을지도 모른다. 아니면 단지 우리 문화가 모성애의 찬미를 통해 부모 역할이 중요하다고 믿고 싶기 때문인지도 모른다.

••• 부모가 자녀를 차별한다?

가끔 자녀들 가운데 부모가 자신을 차별한다고 생각하는 자가 있다. 엄마가 형(또는 동생)보다 자신에 대해서는 관심을 가지지 않거나 또는 더 엄하게 혼낸다고 생각하는 사람이 있다.

그러나 부모는 자녀의 이런 불만을 인정하기 어렵다. 왜냐면 자녀를 똑같이 사랑하고 있다고 생각하고 있기 때문이다. 그렇다면 왜 똑같이 사랑하는데 자녀를 대하는 부모의 행동이 다른가? 그 이유는 동생과 형(언니)의 행동이 다르기 때문이다.

자녀들의 모습을 자세히 들여다보면 모두 각자 개성적인 기질을 갖고 태어났다는 걸 알 수 있다. 언니(형)와 동생의 성향이 다르다. 언니(형)는 내향적이지만, 동생은 외향적일 수도 있다(물론 반대도 있지만). 부모는 대개 자녀의 이런 개성적 기질이나 성향에 따라 반응하는 형태로 양육을 하고 있다. 부모와 자녀의 상호작용은 대개 이런 원리가 작용하고 있다. 그러니까 결론적으로 말하면 부모는 자녀를 차별하는 것이 아니라, 단지 언니

(형)와 동생의 행동이 서로 달라서 이에 따라 대응했을 뿐이다.

이렇게 보면 발달심리학자 하리스가 말한 것처럼 "부모의 바람직한 양육이 바람직한 아이로 만드는 게 아니라, 어쩌면 바람직한 아이가 부모의 바람직한 육아를 하게 하는지도 모른다."

··· 아동학대가 가장 많이 발생하는 곳은?

당신에게 또 하나의 질문을 해보자. 아동학대가 가장 많이 발생하고 있는 곳은?

정답은 '가정'이다.

우리나라 보건복지부 연차보고서를 보면 매년 아동학대가 가장 많이 발생하는 곳은 '가정'이다. 그리고 가해자는 대부분 부모이다. 그 비율은 매년 전체 아동학대 발생 건수의 80% 전후를 차지한다. 당신은 이 통계를 보면서 이렇게 생각할지 모른다.

"우리나라 부모들은 문제가 많구나."

그러나 절대 그렇지 않다. 다른 나라의 통계도 마찬가지다. 아동학대자의 대부분은 부모이다(80% 이상). 그리고 선진국이든 후진국이든 큰 차이가 없다. 아동학대의 세계에는 언제나 "아동학대=가정"이라는 등식은 하나의 공식처럼 되어있다. 이렇게 보면 가정이라는 곳은 아이에게 행복을 느끼게 하는 곳이기도 하지만, 일부 아이들에게는 해당하지 않는다.

그렇다면 여기에 의문이 생긴다. 부모들 가운데 악마와 같은 부모가 있다는 이야기인가? 절대 그렇지 않다. 이 질문에 대한 답을 찾기 위해서는 학대라고 하는 행위가 발생하는 구조에 대한 이해가 필요하다.

학대라는 행위는 다른 사건과 달리 대개 **'시작'**이 존재하지 않는다. "자~, 지금부터 아이를 학대하자."라고 생각하며 시작하는 부모는 없다. "오늘 기분이 좋지 않으니 아이를 괴롭혀야겠다"라고 하면서 학대를 시작하는 사람도 없을 것이다. '학대'라는 현상은 대개 아이와의 상호작용 가운데 본인의 의도와는 다르게 그렇게 되어버리는 경우가 일반적이다.

그러나 '학대'라는 단어가 가진 뉘앙스는 너무 강렬해서 학대자의 '의도성'이나 '폭력성'의 모습이 연상되면서 악(惡)의 이미지가 그려진다.

'아이를 양육한다는 것'

이 세계는 양육자와 아이의 "상호적 프로세스"의 세계다. 그래서 부모는 대개 아이의 상태에 따라 양육하고 있다. 아이가 울면 달래주고 아이가 졸려 하면 재운다. 아이가 밥을 먹지 않으면 때로는 억지로 먹이려고 하기도 하고, 좋아하는 반찬만 먹으려고 하면 혼내기도 한다. 아이가 미소 지으면 같이 미소 짓고, 아이가 말을 잘 들으면 기분이 좋아지면서 아이 뺨에 뽀뽀도 해주고 싶을 것이다.

그러나 아무리 말을 해도 말을 듣지 않으면 화가 나서 혼내기도 한다. 어떤 부모는 너무 화가 나서 아이를 방에 혼자 두고 나가버리거나 베란다로 쫓아버리는 벌을 줄지도 모른다. 양육자의 이런 모습은 결코 이상할 것은 없다. 말을 듣지 않는 아이에게 달콤한 사탕을 줄 수는 없다.

그런데 우리는 "아이를 많이 안아주게 되면 상냥한 아이가 되고, 많이 혼내면 아이가 삐뚤어지게 된다"고만 생각한다. 양육자와 아이의 관계는 언제나 "부모 ⇆ 아이" 관계에 있지만, 우리는 "부모 → 아이" 관계만 생각하고, 왜 "아이 → 부모"의 관계는 생각하지 못하는 것일까? "아이가 예쁜 행동을 많이 하니까 안아주게 되고, 아이가 말을 듣지 않으니 혼내게 된다"는 사실을 왜 우리는 생각하지 못하는 것일까? 그러나 양육과 교육에 대해 현실감 없이 낭만적으로만 생각하는 사람들은 부모(또는 교사)에게 이렇게 말할지도 모른다.

"아이가 말을 잘 안 들으면 혼내기보다는 잘 타일러서 대화를 통해서 해결해야 하지 않나요."

맞는 말이다. 그러나 말을 듣지 않는 아이의 모습이 계속 이어지면 '참을성'으로 프로그래밍이 되어있는 AI 인간이 아닌 이상, 차분한 대응이 쉽지 않다. 그러다 보니 어느새 귀엽고 사랑스러운 대상에서 짜증이나 성가심의 대상으로 여겨지면서 순간의 감정이나 행동을 억제하지 못하고 고함을 지르거나 손을 들거나 협박을 통해 아이의 행동을 통제하려고 한다. 이게 보통의 양육자의 모습이다. 이런 모습이 특별히 이상할 것은 없다. 아마 부모들도 자신의 이런 모습에 대해 이렇게 생각하고 있는지도 모른다.

"아이가 그렇게 하게 만들고 있다."

'아이에게 너무 심하게 혼내고 있지는 않는가'라는 생각을 하면서도, 한편으로는 아이가 나를 화나게 하고 있다고 하는 이런 체험의 수동성은 양육세계에서 흔히 나타나는 현상이다.

이런 현상을 학문적 용어로 표현하면 **'적합도(fitness)'**의 문제라고 말한다. 미국의 발달심리학자 토마스와 체스 박사[5)]는 부모-자녀 관계의 문제를 이해하는 데는 '적합도'라는 개념의 적용이 필요하다고 보았다. '적합도'란, 쉽게 말하면 "서로가 얼마나 잘 맞는가"의 이야기다.

대부분의 인간관계에서도 적합도라는 개념이 적용되고 있다. 상대방과 적합도가 낮아서 갈등이 생기기도 하고, 적합도가 높아서 친구가 되기도 한다. 만일 오늘 저녁 친구와 함께 식사하고 싶다면 당신은 친구들 가운데서 자신의 생각이나 취향이 가장 맞는 친구를 찾을 것이다. 그리고 그 친구에게 전화를 걸어 이렇게 말할 것이다. "오늘 저녁 퇴근 후 식사 괜찮니?"

이런 두 사람 사이의 관계를 학술적인 용어로 표현하면 '적합도가 높은 사이'라고 말한다. 우리는 "그 친구와는 말이 잘 통해", "그 친구와는 코드가 맞아"라는 말을 사용하기도 한다. 그 친구와는 적합도가 높다는 이야기다. 적합도가 높은 친구와는 여행도 함께 가고 싶을 것이다.

··· 부모와 자녀의 적합도

양육의 세계도 대인관계처럼 적합도의 개념이 작용하고 있다. 부모의 양육 방식이 자녀의 마음에 안 들 수도 있고, 자녀의 행동이 너무 특이해서 부모가 감당할 수 없을 때도 있다. 이런 경우를 학문적으로 말하면 **"부모-자녀 관계의 적합도가 낮다"**라는 표현을 쓰게 된다.

"동생을 키울 때는 쉬웠는데, 너는 밤에 잠도 잘 자지 않고 울기만 해서 너무 힘들었다(물론 반대의 경우도 있지만)."라는 말을 들어본 적이 있을 것이다. "엄마가 동생은 키우기 어려웠다, 쉬웠다"라고 하는 말은 "동생에게 문제가 있다, 없다"는 이야기가 아니라, "엄마와의 적합도가 높았다, 낮았다"라는 걸 의미한다.

'아동학대'라는 현상은 두 사람 사이에 이런 적합도가 낮은 경우에 나타나기 쉽다. 그래서 아동학대 연구자들[6]은 이렇게 말하고 있다.

"아동학대 문제를 올바르게 분석하고 이해하기 위해서는 이러한 사태를 만들고 있는 상황에 대해서 충분히 이해하기 위한 노력이 필요하다. 이를 위해서는 부모에 대한 조사만이 아니라, 아이의 특성이나 기질에 대한 조사도 포함해야 한다."

아이들은 다양하다. 태어날 때 신경조직에 손상을 입은 아이, 선천성 인지 장애 아이, 조산 미숙아, 정신적으로 신체적으로 장애가 있는 아이, 행동이 혼란스럽고 예측이 어려운 행동을 보이는 아이 등. 대개 이런 아이들은 부모(교사)가 기대하는 행동을 보여 주기 어렵다. 부모나 교사도 이런 아이들에게는 보통의 아이에게 대하는 방식으로 접근하기 어렵다.

발달심리학자 골드버그와 마르코비치 박사[7]는 연구를 통해 대개 이런 아이들이 부모에게 보내는 신호나 표현은 상당히 애매모호하여 **"부모도 어쩔 수 없이 부적절한 대응을 하게 되면서 두 사람 사이의 적합도 수준은 낮을 수밖에 없다"**는 사실을 지적하고 있다.

이 때문에 자녀들 가운데 부모와의 적합도가 낮은 아이는 학대받기 쉽다. 이렇게 보면 이론적으로 이런 이야기가 가능해진다.

"학대받는 아이는 그냥 자신도 모르게 자신의 운명에 기여하고 있다."

양육에 있어 '적합도'의 개념을 제안한 발달심리학자 토마스와 체스 연구팀8)은 아이의 문제행동에 대해서 이런 결론을 내리고 있다.

"아이의 문제행동에 대한 예측은 부모의 문제를 아무리 분석해봐도 알 수 없다. 그렇다고 아이의 행동을 아무리 훑어보아도 알 수 없다. 쌍방의 행위가 서로에게 얼마나 적합한가, 적합하지 않는가를 보면 알 수 있다."

모든 아이가 부모와의 신체적 접촉을 좋아하는 것은 아니다. 아이마다 특성이 달라서 부모가 안아주는 것을 싫어하는 아이도 있다. 이런 아이는 엄마가 안아주면 울어버리거나 반항적 행동을 하기도 한다.

이런 특성을 가진 아이는 대개 활동성이 매우 높은 아이다. 셰퍼와 에머슨 박사9)는 이런 아이는 접촉 그 자체보다는 가만히 있어야 하는 상황을 견디기 어려워하기 때문이라고 보았다.

물론 부모는 이런 아이의 개성적인 특성을 이해하고 인내심을 갖고 대응을 해야 하지만, 부모도 불완전한 인간이기에 항상 아이에게 맞는 대응을 하기란 쉽지 않다.

혹자(或者)는 "모성애(母性愛)는 원래 그들의 태생적인 특성이 아닌가"라고 반문할지도 모른다. 물론 모성애란 여성이 자녀를 낳는 순간부터 자신의 존재감으로부터 분리할 수 없는 개념이다. 하지만 이에 관한 과학적 연구[10)]는 당신의 관념론적 주장에 동의하지 않는다. 자녀에 대한 애정과 희생의 감정을 느끼게 만드는 모성애의 실체는 어머니의 본능이 아니라, 자녀와 많은 시간을 보내면서 서로 함께 웃고 행복해하면서 보낸 소중한 시간의 산물에 지나지 않는다.

그러므로 부모가 되었다고 해서 반드시 모(부)성애로 충만한 부모가 되는 것은 아니다. 쌍방의 적합도에 따라 모(부)성애는 달라질 수밖에 없다. 이 때문에 쌍방의 적합도가 떨어지는 상황이 계속 반복되면 부모는 아이 대응이 힘들어지면서 부적절한 대응을 하게 되는 경우가 많아질 수밖에 없다.

만일 아이와의 상호 과정에서 나타나는 부모나 교사의 일시적 부적절한 대응을 모두 '학대'라는 무거운 단어를 갖다 붙여 전적으로 그 책임을 부모(또는 교사)에게 묻는다면 세상의 모든 부모나 교사들은 신에게 이렇게 기도해야 할지도 모른다.

"신이시여, 저에게도 당신처럼 절대 변치 않는 완벽한 사랑을 베풀 수 있는 신성(神性)을 주옵소서!"

그럼에도 여전히 아이 양육이나 교육의 이해에 대한 낭만주의자들은 이렇게 반문할지 모른다. "아이와의 적합도를 높이기 위해 아이의 개성적 특성을 잘 이해하고 그것에 맞게 적절하게 잘 대응해야죠. 아이들은 아직 어려서 어른에 비해 자신의 욕구나 감정을 통제하기가 쉽지 않잖아요? 그러니까 그런 아이의 마음을 이해하고 사랑으로 보살펴줘야 하는 게 어른들의 책무가 아닌가요?"

물론 틀린 말은 아니다. 교양적인 지적이다. 그러나 그렇게 말하는 사람에게 필자는 이런 제안을 하고 싶다. "딱 하루만 그런 아이(자신과 적합도가 낮은 아이)와 온종일 함께 보내고 난 후에 다시 저와 이야기를 나눌 수 있을까요?"

아마 당신은 '쌍방의 적합도'라고 하는 주장에 대한 반론을 포기하게 될 것이다. 만일 어린이집(유치원) 교사처럼 온종일 여러 명의 아이와 함께 보내고 난 후라고 한다면 당신은 거의 100% 자신의 낭만주의적 보육론을 포기하게 될 것이다.

그러므로 우리 사회가 '쌍방의 적합도'에 실패한 부모나 교사의 행위에 대해 '학대'라는 낙인을 찍고 그 행위자를 아무리 강력하게 처벌한다고 할지라도 아동학대 사건은 절대 사라지지 않는다.

이제 당신도 어느 정도 그 이유를 이해하였을 것으로 생각한다. 다시 반복되는 설명이지만, 학대라는 현상은 일반적인 사건처럼 **"가해자 → 피해자"**의 공식이 존재하는 것이 아니라, 대개 **"가해자 ⇆ 피해자"**라고 하는 쌍방향적 관계에서 발생하는 문제이다.

일본의 아동학대 연구가로 유명한 사카이 세이지 박사라는 사람이 있다. 그는 아동 정신과 주치의가 되었을 때, 그의 주 업무는 학대 아동에 대한 치료였다. 그는 대학 졸업 후 바로 맡은 업무여서 아직 아동학대에 대한 과학적인 지식이나 경험적 정보가 많이 부족한 상태였다. 그러다 보니 처음에는 자신의 진단이나 치료과정은 시행착오의 연속이었다. 그러던 중, 책 한 권을 손에 넣게 된다. 그 책은 미국 보스턴 소아과 치료 매뉴얼이었다. 그 책에 이런 글이 쓰여 있다.

"학대 부모를 가해자로 취급하지 않는다. 형사범으로 다루지 않는다."

사카이 박사는 처음에는 이 글에 당황했다. 그러나 이후 수많은 학대 아동 사례를 치료하면서 자신도 이런 결론을 내리게 된다.[11]

"학대한 부모도 도움이 필요하다!"

본 장은 서두에서 **"아동학대의 책임은 가해자에게 있는가? 아동에게 있는가?"**라는 도발적 질문을 던졌다. 이제 우리 사회가 "이게 질문이 될 수 있다"라는 사실을 겸허하게 받아들인다면 아동학대 문제를 줄여나갈 수 있는 묘책을 찾을 수 있을지도 모른다.

CHAPTER 03

학대 피해 아동에 대한 오해

••• 아이는 평생 치유할 수 없는 마음의 상처를 입었다?

"아이는 평생 치유할 수 없는 마음의 상처를 입었다!"

이 문구는 아동학대 사건이 발생할 때마다 항상 등장하는 표현이다. 이 문구는 과학적으로 보면 거의 무지(無知)에 가까운 표현이다. 우리 사회는 측은지심(惻隱之心)에서 아이의 아픔을 이야기하고 싶겠지만, 과학적 연구는 이런 주장에 무조건 동의하지 않는다.

이제까지 우리의 상식에는 "아이들은 학대와 같은 스트레스 상황에 놓이게 되면 쉽게 정신이 무너지는 나약한 존재다"라는 인식이 있었다. 하지만 우리의 이런 상식과 다르게 과학적인 연구결과[1]는 이를 부정하고 있다. 발달심리학자 데니스[2]는 학대 아동의 성장과정을 연구한 결과, 이런 결론을 내리고 있다.

"어릴 때 방임이나 학대라는 에피소드를 경험했다고 할지라도 반드시 영구적으로 그것이 핸디캡으로 남아있는 것은 아니다."

어릴 때 작은 벽장에 갇혀 6년의 세월을 보낸 쌍둥이 형제에 관한 연구[3)]가 있다. 발견 당시 아이의 모습은 심각했다. 지능도 사회성도 일반 아이들보다 많이 떨어졌다. 정서적 문제도 심각했다. 하지만 이후 정상적인 양육자를 만나고 보통의 가정에서 경험할 수 있는 관심과 사랑을 받게 되자, 이후 빠른 속도로 발달이 회복하면서 일반 아이들의 발달 수준까지 회복하게 되었다.

1967년 7월 15일 미국 캘리포니아주에서 5세에서 14세 아이 26명은 악몽과 같은 유괴 사건에 휘말리게 된다. 버스에 타고 있었던 아이들은 유괴범에 의해 버스가 탈취되면서 11시간 동안 버스 안에서 인질로 잡히게 된다. 이후 아이들은 컨테이너로 옮겨져 환기도 안 되는 컴컴한 공간에서 다시 16시간이나 보내게 된다. 아이들은 컨테이너의 조그마한 환기구를 통해 겨우 숨을 쉬면서 버티어나갔다. 이런 지옥과 같은 상황에서 다행히 운전사와 함께 아이들은 모두 탈출의 기회를 얻게 된다.

발견 당시, 아이들은 대부분 쇼크 상태였다. 감금의 공포에 오줌을 지리는 아이도 있었다. 사건 발생 후 2년이 지나서 아동 전문가들은 26명의 심리상태를 조사하였다. 조사결과[4)]는 다행스러웠다. 아이들은 자신이 경험한 충격적인 사건을 또렷하게 기억하고 있었다. 그러나 그 일 때문에 정신적으로 힘들어하는 아이는 한 명도 발견되지 않았다. 26명 모두 정신적으로 안정된 하루하루를 보내고 있었다.

어릴 때의 아동학대나 불행한 경험이 이후 인생에 미치는 영향에 관한 연구[5)]는 하나같이 거의 이러한 결론을 내리고 있다.

"어린 시절 부모의 사별이나 이혼, 일시적 학대 등이 트라우마가 되어 아이의 심리상태를 엉망으로 만들어버린다고 하는 증거는 어디에도 찾아볼 수 없다."

부모의 사망으로 어린 시절을 고아원에서 보낸 경험이 있는 성인들을 대상으로 조사한 호주의 사회심리학자, 레이첼 데이빗드 마운더[6)]는 이들 중, 한 사람의 이야기를 이렇게 전하고 있다.

"고아원에 들어가서는 매우 혼란스러웠습니다. 엄격한 규율과 체벌의 연속이었습니다. 청소나 세탁도 해야만 했습니다. 사랑이나 호의적인 관심은 기대할 수 없었습니다. 나는 매일 이게 꿈이며, 이 꿈에서 깨어날 것을 생각하며 잠자리에 들었습니다. 그러나 아침에 일어나 보면 꿈은 아직 계속되고 있다는 것을 알게 되었습니다."

데이빗드 박사는 고아들의 성장 후 모습을 이렇게 기록하고 있다.

"모두 훌륭한 사회인으로 성장하여 의미 있는 인생을 보내고 있다."

체코에서 발생한 한 쌍둥이의 사례[7]를 소개하자. 이들은 태어나자마자, 어머니는 사망하고, 이들의 양육은 고아원에 맡겨진다. 이후 한 살 때쯤 아버지가 재혼하게 되면서 이들은 다시 집으로 돌아온다. 그러나 아이를 기다리고 있었던 사람은 신데렐라 계모보다 더 무서운 계모였다. 아이들은 6년 동안이나 좁고 추운 방에 갇혀 지냈으며, 충분한 영양 공급도 받지 못했다. 이뿐만 아니라, 정기적으로 신체적 학대도 받았다. 이들을 발견했을 당시(7세)의 모습은 매우 심각한 상태였다. 보행이 힘든 상태였고, 언어능력은 2세 수준보다 못했다.

하지만 이들은 이후 정상적인 보호를 받게 되자 급속도로 발달을 회복하였다. 14세가 되었을 때 공립학교에 다니게 되었고, 학교 성적도 동급생들보다 뒤떨어지지 않았다. 이들을 조사한 연구보고서에는 이렇게 기록되어 있다.

"이들은 비록 출생 후 7년 동안이나 부모의 사랑을 받지 못하고 학대를 받았지만, 이상한 행동도 이상한 버릇도 보이지 않았다."

그렇다면 여기에 의문이 생긴다. 아이의 이런 놀라운 회복력은 과학적으로 어떻게 설명할 수 있는가?

이 현상을 이해하기 위해서는 어른에게는 없고 아이에게만 있는 '2가지 축복'에 대한 설명이 필요하다. 하나는 **'미성숙'**이라는 축복, 또 하나는 **'낙천주의적 사고'**라는 축복이다. 이 2가지 축복 덕택에 아이들은 학대 경험에도 마음이 쉽게 무너지지 않는 것이다. 다음 세션에서는 이에 대해 구체적으로 설명해보자.

••• '미성숙'이라는 축복

1996년작 캐롤 발라드 감독의 『아름다운 비행』이라는 영화가 있다. 이 영화는 어머니를 잃고 방황하던 소녀가 기러기와 운명 공동체처럼 살아가는 이야기를 담고 있다. 주인공 에이미는 여행 중 교통사고로 엄마를 잃는다. 이후 에이미는 엄마를 잃은 슬픔과 좁혀지지 않는 아빠와의 사이에서 작은 방황이 시작된다. 하루는 늪 주위를 걷던 중, 미처 부화하지 못한 야생기러기 알을 발견한다. 에이미는 조심스럽게 집으로 가져와 따뜻한 손길로 보살핀다. 얼마 지나지 않아 알에서 새끼 기러기들이 부화하고 세상 밖으로 나오자, 이들의 운명이 자신의 모습과 비슷하게 느껴진다. 이후 새끼 기러기는 에이미를 어미 새로 여기고 늘 에이미만 졸졸 따라다닌다.

이 영화는 비록 픽션이지만, 조류의 실제 생물학적 현상, 즉 출생 후 초기경험이 이후의 행동을 결정짓는 현상을 잘 묘사하고 있다. 비교동물학자 로렌츠 박사는 이런 현상을 "각인(imprinting)"이라 불렀다. '각인(刻印)'이란, 도장처럼 새기는 것을 의미한다. 만일 인간의 발달에도 조류처럼 각인현상이 나타난다면 "어릴 때의 학대 경험은 아이에게 평생 치유할 수 없는 상처가 된다"는 주장은 훌륭하다.

그러나 오늘날 이 주장에 동의하는 발달심리학자는 없을 것이다. 인간이라는 동물은 조류와는 달리 각인현상이라고 하는 생물학적 제약으로부터 해방되어 있는 생명체이다. 인간의 발달은 그 타이밍이 매우 유연하고 상황에 따른 변화도 유연하다.

그렇다면 여기에 의문이 생긴다. "인간은 왜 다른 동물과 달리 발달과정이 매우 유연한가?" 그 이유는 인간이라는 동물은 다른 동물에 비해 출생 시, 그 완성도가 너무 낮기 때문이다. 다른 동물, 예를 들어 개, 말, 염소 등의 새끼들의 탄생을 목격해 보자. 생물학적으로 거의 완벽한 상태로 태어난다. 태어난 지 한두 시간도 안 되었지만, 스스로 일어서서 어미 젖을 찾아 먹는다. 인간의 아기에게는 상상할 수 없는 성장속도이다. 인간의 아기는 혼자 걷기까지는 거의 1년을 기다려야 한다. 태어난 지 2년이나 지났지만, 아직도 제대로 혼자서 밥을 먹지 못해 엄마가 도와준다.

아기의 성장 과정을 들여다보면 그 속도는 다른 동물에 비해 정말 답답하다. 이건 분명히 다른 동물에 비해 큰 약점이다. 그런데 아기의 이런 미성숙의 탄생이라고 하는 큰 약점 뒤에는 '미래의 큰 희망'이라고 하는 축복이 감추어져 있다.

미성숙의 탄생이 축복이라니? 설명하면 이렇다. 미완성의 생명체는 완성되기까지 많은 시간이 소요된다. 그러면 그 과정에서 다양하고 풍부한 질 높은 환경 자극의 경험을 많이 할 수 있게 된다. 이 덕택에 인간은 다른 동물에 비해 머리가 똑똑한 생명체로 성장할 수 있게 된 것이다. 그래서 미국의 과학자 엠마 바이런[8]은 이런 말을 했다.

"인간은 똑똑한 머리와 역경에 굴복하지 않는 정신력을 갖기 위해 출생 시 무력함이라고 하는 대가를 지불하였다."

이런 맥락에서 보면 아동학대와 관련된 연구들의 다음과 같은 결론은 조금도 이상하지 않다.

"어릴 때 학대와 같은 불행한 경험을 했다고 할지라도 이후 좋은 경험을 하게 되며 얼마든지 훌륭한 성인으로 성장할 수 있다."

일생에서 가장 중요한 시기는 영유아기이며, 이때의 경험이 이후의 인생에 큰 영향을 미친다고 주장하는 이론의 출처는 전통 심리학의 주류인 "정신분석학"이라고 하는 학문이다. 이 학문의 창시자는 지그문트 프로이트이다.

그런데 그의 딸, 안나 프로이트는 아버지와는 생각이 조금 달랐던 것 같다. 제2차 세계대전 당시, 독일 나치 강제수용소에서 살아남은 6명의 아이에 대한 그녀의 보고서를 보면 알 수 있다.

그 내용은 감동적이다. 6명의 아이는 남아 3명, 여아 3명이었으며, 나이는 모두 만 3세에서 4세밖에 되지 않았다. 이들의 부모는 모두 수용소에서 사망하게 된다. 아마 아이들은 죽음 수용소(당시 그렇게 불렀다)에서 상상을 초월하는 끔찍한 경험을 했었음이 틀림없다. 전쟁이 끝난 후, 6명의 아이는 고아원으로 보내지게 된다.

이후, 안나 프로이트는 이들의 성장 과정을 들여다보게 된다. 그녀는 이들을 처음 만났을 때의 모습은 이렇게 기록하고 있다. "처음에는 이들의 모습은 감정이 메말라 있었고, 행동은 폭력적이었다." 그리고 나서 이들이 40세가 되었을 때(1982년)의 보고서9)에는 이렇게 기록되어 있다.

"6명의 아이는 훌륭한 성인으로 성장하여 지금은 의미 있는 인생을 보내고 있다."

••• 아이들은 소박한 낙천주의자다!

아이들은 어른들이 소유하기 힘든 축복을 하나 더 갖고 있다. 그것은 '회복 탄력성'이라고 하는 축복이다. '회복 탄력성(Resilience)'이란, 어떤 역경이나 고난에도 절망하거나 심리적 상처를 받지 않고 극복하는 힘, 즉 '긍정의 심리 에너지'를 말한다.

이 에너지가 가장 강력한 시기는 '영유아기'다.

미국 예일 대학의 발달심리학자 락 하트 박사는 자신의 일련의 연구를 통해 아이들의 이런 모습을 확인하면서, 아이들을 '**소박한 낙천주의자**'라고 불렀다. 아이들의 낙천주의적 성향은 어느 나라 또는 지역에 관계없이 세상의 모든 아이에게서 볼 수 있는 보편적인 심리 현상인 것으로 알려져 있다.

이런 낙천주의적 성향은 어쩌면 미성숙한 상태로 세상에 태어나 성공보다 실패를 더 많이 경험할 수밖에 없는 어린 시기에는 아이의 마음이 다치지 않게 하려고 생명의 창조주가 아이에게 선사한 '출생 선물'과 같은 것인지도 모른다.

하지만 당신은 이런 반문을 할지도 모른다. "어릴 때의 학대 경험으로 인해 지금도 여전히 마음에 상처로 남아 힘들게 살아가고 있는 사람들이 있지 않은가? 그렇다면 이런 사람들은 어떻게 설명할 수 있는가?"

또 이런 반문을 할 수도 있다.

"책에도 아동학대의 심각한 후유증에 관한 이야기가 나오지 않는가? 그렇다면 그 주장은 틀리고, 당신의 주장이 타당하다는 근거는 어디에 있는가?"

먼저 첫 번째 질문에 대한 대답이다. 이런 사람들의 학대 경험은 일반적으로 일시적으로 끝난 것이 아니라, 지속해서 학대를 경험한 경우일 가능성이 크다. 이런 경우에 아이의 회복 탄력성은 침묵할 수밖에 없다. 이에 대한 이해를 돕기 위해 당신에게 이런 질문을 해보자.

"이혼 가정(편의상, A 가정)과 이혼하지 않고 엄마 아빠의 다툼이 지속적인 가정(B 가정) 중, 어느 가정이 아이의 성장에 더 나쁜 영향을 미칠까?"

연구[10)]에서 나온 결과는 'B 가정'이다. 그 이유는? '지속성'의 차이 때문이다. 매일 엄마 아빠가 다투는 모습을 보면서 지내야 하는 아이가 느끼는 긴장이나 불안이라고 하는 심리적 스트레스는 만만치 않다.

그래서 만일 부모의 이혼이 아이에게 나쁜 영향을 미쳤다고 한다면 그 원인은 부모의 이혼 그 자체가 아니라, 이혼 전까지 부모의 불화로 아이가 경험해야 하는 지속적인 긴장감이나 불안일 가능성이 크다. 부모의 이혼이 아이의 마음에 미치는 영향에 관한 연구[11)]는 이런 결론을 내리고 있다.

"아이에게 심리적으로 나쁜 영향을 미치는 것은 한 부모 가정이나 미혼모 가정 등과 같은 가족구조의 문제가 아니다. 가정에서의 경험내용이다. 그리고 그것이 얼마나 지속적인지의 문제이다. 아이들은 부모의 이혼으로 스트레스를 경험하지만, 장기적으로는 심리적 충격은 거의 없다. 75~85%의 아이는 부모가 이혼할지라도 일상생활의 적응에 거의 문제가 없는 것으로 나타났다."

미국의 심리학자 아마토 박사[12)]는 "이혼 가정의 아이가 그렇지 않은 가정의 아이보다 문제가 있는가?"라는 질문에 대해 이렇게 단호하게 대답하고 있다.

"그렇지 않다."

그러면서 박사는 그 이유를 이렇게 설명하고 있다.

"그 이후에 아이의 인간관계가 붕괴되지 않았기 때문이다!"

심리학 용어에 '외상 후 스트레스 장애(PTSD)'라는 말이 있다. 이 용어의 개념은 '과거의 힘든 경험으로 인해 일상생활이 힘든 심리적 상태'를 뜻한다. 한편 'PTG(Post Traumatic Growth)'라는 단어도 있다. 이 단어는 PTSD의 개념과는 정반대로 '과거의 힘든 경험이 오히려 바람직한 성장에 동력이 되었다'는 것을 뜻한다.

우리 주위에는 'PTG 인간형'이 있고, 'PTSD 인간형'이 있다. 당신은 어떤 인간형인가? 만일 과거의 고난이나 역경이 오히려 자신에게는 정신적으로 더 강하고 더 성숙한 인간으로 성장하는 데 도움이 되었다고 말한다면 당신은 'PTG 인간형'이다. 그러나 만일 당신이 "어릴 때 학대를 경험한 아이는 슬픈 미래가 기다리고 있다"라고 하는 아동관을 갖고 있다면 당신은 'PTSD 인간형'의 인간 이해를 하는 셈이 된다. 발달심리학자들은 대개 학대 경험 아동에 대해 다음과 같이 PTG 인간형의 희망을 묘사하고 있다.

"어릴 때 학대라고 하는 가혹한 경험을 했다고 할지라도 이후 성장 과정에서 좋은 경험이나 좋은 사람을 만나게 되면 아이는 그 아픔에 머물지 않고, 오히려 그 아픔을 승화시켜 오히려 타인을 배려하는 인격적 인간으로 성장하게 된다."

두 번째 의문에 대한 대답이다.

책이나 TV에 전문가라는 사람이 등장하여 아동학대의 심각한 후유증을 하나같이 주장하고 있다. 그런데 이 사람들은 대개 인간의 심리나 발달을 과학적으로 연구(관찰이나 실험 등의 일정한 방법론에 의한 연구를 말함)하는 학자가 아니다. 대개 병원에서 일하는 정신과 의사나 상담실(치료실)에서 일하는 심리치료사들이다.

이들은 테이블에 앉아서 자신을 찾아오는 손님(환자)을 만나서 이야기하거나 치료하는 사람들이다. 때문에 이들이 만나는 사람은 모두 'PTSD 인간형'으로 한정되어 있다. 그러다 보니 이들 전문가는 임상경험은 풍부할지는 모르지만, 'PTG 인간형'에 대한 정보는 거의 없다('PTG 인간형'은 병원이나 치료실에 가지 않기 때문에). 그렇다 보니 그들의 머릿속에는 학대 경험이 평생 지워지지 않는 트라우마 이미지로 채워져 있다.

학대와 관련된 연구자료[13)]를 보게 되면 어릴 때 학대를 받으면서 성장한 사람들의 30%가 자녀를 학대하는 것으로 나타났다. 이 통계를 역으로 말하면 70%의 사람들은 비록 어릴 때 학대를 받았지만, 나중에 훌륭한 부모가 되어 자녀를 잘 키우고 있다는 이야기이다.

심리치료사나 정신과 의사들은 치료실을 찾아오는 30%의 사람들만 만나서 판단하기 때문에 학대 문제는 세대 간에 걸쳐 반복되는 트라우마로 착각하는 오류를 범하고 있다. 정신과 의사나 심리치료사들의 이런 오류를 코헨 박사[14)]는 이렇게 지적하고 있다.

"그들은 '치료사의 착각'이라고 하는 함정에 빠져 있다."

그러면서 예로 들어 이렇게 설명하고 있다. "심리치료사들은 흡연자가 담배를 끊는 것은 매우 어렵다고 생각한다. 사실 흡연자의 금연율은 매우 높음에 불구하고. 그런데도 그렇게 생각하는 이유는 그들은 치료실에서 금연이 어려운 환자, 즉 만성적인 흡연자만 만나기 때문이다. 그러다 보니 '담배를 끊는 것은 매우 어렵구나'라는 착각에 빠지게 되는 것이다."

CHAPTER 04

학대 아동에 대한 불길한 예언이 낳는 폭력성

••• 정신의학은 병을 창조하는 학문이다?

"정신의학은 병을 낫게 하기보다는 병을 만드는 학문이다."

이런 주장이 나온 배경은 이렇다. 요즘 사람들 가운데 1960년대 중반부터 시작된 베트남 전쟁(당시 월남전이라 불렀다)을 기억하고 있는 사람은 그렇게 많지 않을 것이다. 이 전쟁은 처음에는 분단된 남북 베트남 사이의 내전이었지만, 나중에 미국이 개입하게 되면서부터는 냉전 시대에 자본주의 진영과 공산주의 진영이 대립하는 대리전쟁 양상을 띠게 된다. 우리나라도 1965년부터 미국의 동맹국으로 참전하여 1만 6천여 명의 사상자를 낸 전쟁이기도 하다.

당시 미국 사회의 이슈 가운데 하나가 베트남 전쟁에서 돌아온 병사들이 일상에 적응하지 못하고 정신적으로 힘들어하는 문제에 대한 것이었다. 이후 이런 사례가 미디어를 통해 자주 보도되자, 이때부터 학자들은 이 문제에 대해 관심을 갖고 연구하기 시작했다. 이후 미국정신의학회는 "PTSD(심적 외상 후 스트레스 장애)"라는 병명을 만들어 이들에게 갖다 붙였다. 'PTSD'란, "생명의 위험을 느낄 정도의 공포체험을 한 사람이 심리적 불안이나 공포로 인해 일상생활을 하지 못하거나 불면증에 시달리는 등, 그 후유증이 심각한 심리상태"를 말한다.

PTSD라는 새로운 병명이 등장하자, 당시 신문이나 TV에서 이 병을 대대적으로 보도하기 시작하였다. 그런데 이때부터 미국 사회에 희한한 현상이 나타나기 시작하였다.

희한한 현상이란? 일상생활이 조금이라도 힘들면 너도나도 과거의 공포체험으로 인한 후유증, 즉 PTSD 병으로 이해하면서 병원으로 달려가는 것이다. PTSD라는 단어가 등장하기 전에는 사람들은 마음이 힘들면 병으로 보지 않고, 단순히 겁쟁이, 또는 의지나 정신력이 약한 문제 정도로 이해했다. 그런데 이 병명이 등장하자 사람들은 마음이 조금만 힘들면 이제는 뭔가 PTSD와 같은 마음의 병이 있지 않은가 하고 걱정하며 병원으로 달려가는 것이다.

PTSD라는 개념이 등장하지 않았던 시대에 발생했던 전쟁, 예를 들어 제1, 2차 세계대전, 또는 우리나라 '6.25' 전쟁에 참전한 군인들을 생각해 보자. 이들은 베트남 전쟁보다 훨씬 열악한 상황에서 전쟁을 치른 사람들이다. 베트남 전쟁 때보다 식량 공급도 원활하지 못해 기근과 각종 질병에 시달렸고, 밤낮으로 끝없는 총소리와 대포 소리를 들어가며 죽음의 경계선의 참혹한 전투현장에서 하루하루를 버티어나갔던 사람들이다.

이런 상황을 견디면서 살아남은 당시 사람들은 전쟁이 끝난 후 고향으로 돌아왔다. 가족의 품으로 돌아와서는 결혼도 하고 자식도 키우고 가장으로서의 생계를 책임졌다. 그들은 전쟁의 공포체험에 갇혀 있지 않고 가족을 위해 열심히 살았다. 물론 때로는 전우의 죽음 등, 전쟁터에서의 참혹한 상황이 생생하게 기억되면서 일상생활이 힘들 때도 있었을 것이다.

하지만, PTSD 개념이 등장하지 않았던 당시 시대에 살았던 사람들은 마음이 힘들 때면 자신의 나약한 정신력을 탓하면서 마음을 굳게 다지곤 했다. 그 강인한 정신력 덕택에 제2차 세계대전을 일으켰던 독일은 라인강의 기적(제2차 세계대전 이후 독일, 당시 서독의 경제부흥을 일컫는 말)을 이루었고, 일본은 세계 2, 3위의 경제 대국으로 발돋움했다. 6.25 전쟁에 참전했던 우리나라 군인들도 전쟁이 끝난 후 '한강의 기적'이라고 할 정도로, 세계에서도 그 유례를 찾아볼 수 없을 만큼 빠른 속도로 경제 대국으로 발돋움시키는 데 주역의 한몫을 했다.

이렇게 보면 "정신의학은 병을 낫게 하기보다는 병을 만드는 학문이다"라는 주장은 일정 부분 맞는 말인 것 같다. 그런데 문제는 이것으로 끝나지 않는다. 이제는 이로 인해 정신의학은 현대인에게 자신의 나약함을 정당화시켜주는 보호막 역할을 하고 있다는 사실이다.

••• '학대 아동'이라는 선언은 과연 누구를 위한 것인가?

한 정신과 의사가 들려주는 재미있는 이야기가 하나 있다. 환자에게 "당신은 우울증적 상태입니다"라고 말하면 환자는 그것을 그대로 받아들이지 못하고, 오히려 "아닙니다. 나는 우울증입니다."라고 말한다는 것이다. '우울증적 상태'와 '우울증'은 다르다. 전자는 우울한 기분의 상태를 말하고 있으며, 상황만 바뀌면 바로 해결되는 문제이다. 그러나 우울증은 병적 상태여서 상황이 바뀌어도 회복에는 시간이 걸린다.

그런데 환자는 왜 의사의 가벼운 진단을 받아들이지 못하고 더 심각한 상태, 즉 '우울증'이라고 하는 병을 앓고 있다고 생각하길 원하는 것일까? 그 이유는 이렇다. 병이라는 명칭을 부여받아야만, "자신의 문제는 자신의 책임이 아니다. 즉 병 때문이다"라는 보호막을 칠 수 있기 때문이다. 법에서도 정신적 병의 문제로 인한 범법 행위는 형사적 책임을 본인에게 묻지 않기도 한다.

병이라고 하는 명칭을 부여받게 되면 자신은 환자이기 때문에 자신의 행위에 대한 책임을 회피할 수 있는 명분을 얻을 수 있다. 또한 어떤 힘든 상황에서도 노력하지 않고 무력한 채로 있어도 그렇게 문제가 되지 않는다. 이런 사고회로를 가진 사람은 대개 힘들고 곤란한 상황에 직면하게 되면 어떤 의지를 갖거나 노력하기가 쉽지 않다.

그래서 심리학에서는 아이에게 "너는 부모(또는 누군가로부터)로부터 학대받았다"라고 선언하는 게 과연 옳은 것인가에 대해 의문을 가지고 있다. 인간의 행복이나 불행은 기본적으로 자기 자신을 어떻게 인식하느냐는 문제와 깊은 관련이 있다. 자기 자신을 '과거에 학대받은 불행한 사람'이라고 인식하는 사람은 대개 자신의 자존 감정을 지켜나가기 어렵다. 그뿐만 아니라, 언제나 자기 자신은 피해자라는 인식에 갇혀 있게 되면서 무엇이 든지 힘들면 그 원인을 과거의 학대 경험으로 돌리고 싶은 마음을 갖기 쉽다. 그러면 '학대'의 후유증이라고 하는 보호막에 둘러싸여 더는 노력이나 의지를 갖기가 어려워지는 문제가 발생할 수 있다.

이렇게 보면 '학대 아동'이라고 선언하는 게, 과연 아이에게 도움이 되는가에 대한 의문이 생긴다. 심리학에서는 아이에게 '학대 피해 아동'이라고 하는 명칭 부여는 결과적으로 아이의 멘탈을 붕괴시켜버리는 이차적 문제가 발생할 수 있음을 경고하고 있다.

그리고 학대 아동의 미래에 대한 불길한 예언은 아이를 위한 배려가 아니라, 오히려 아이를 영원한 패배자로 만들어버리는 '잔인함'이 될 수도 있음을 지적하고 있다. 다음 세션에서는 심리학, 의학, 뇌과학 등의 연구를 빌려 이에 대한 이야기를 해보자.

··· 희망과 기대 효과

교통량이 많은 대도시는 컴퓨터 시스템으로 교통신호를 적신호와 청신호를 번갈아 바꾸어 가면서 차량흐름을 통제하고 있다. 그런데 미국 뉴욕이나 영국 런던과 같은 대도시의 횡단보도에 설치된 보행자 신호용 버튼은 고장이 난 게 적지 않다고 한다. 한마디로 가짜 버튼이 많다는 이야기[1)]이다. 뉴욕의 보행자용 신호 버튼은 1980년 후반부터는 많은 버튼이 노후화되어 작동되지 않는 상태이지만, 금속제 버튼과 표식을 철거하고 교체하는 데 상당한 비용이 들어가기 때문에 그대로 내버려 두고 있는 데가 많다고 한다.

하지만 이 사실을 모르는 뉴욕 시민들은 횡단보도에서 이 고장 난 버튼을 누르고 파란불을 기다린다는 것이다. 그러면서 자신이 이 상황을 통제하고 있다는 느낌이 들면서 파란불을 기다리는 마음의 조급함이 조금은 덜해지는 모습을 발견할 수 있다는 것이다. 호텔 방이 덥다고 느껴져 온도조절기 버튼을 눌러 온도를 내려놓으면, 이게 가짜 버튼이어서 기능하지 못할지라도 이걸 모르는 손님들은 이전보다 더 시원해졌다고 생각하면서 더 위에 잘 견디는 모습도 볼 수 있다는 것이다.[2)] 모두 실체가 없는 '희망과 기대 효과'의 산물이다.

이런 희망과 기대 효과는 우리 일상생활의 다양한 영역에서 그 힘을 발휘하고 있다. 대표적으로 심리치료의 세계이다. 아마 심리치료의 세계에 정통한 사람이라고 한다면 "심리치료의 효과란, 치료기법의 효과가 아니라, 그 기법이나 치료사에 대한 환자의 기대 효과의 산물이다"라는 주장에 동의할 것이다. 일본의 임상심리학자 기시타 박사는 이렇게 말한다.

"심리치료란, 신경증일지라도 정신병일지라도 어떤 기법으로 치료해도 상관없다. 그 사람의 증상에 대한 설명이 비과학적일지라도 환자 자신이 긍정적으로 받아들인다면 회복되는 것이다. 이론 그 자체가 올바른가, 올바르지 않은가는 전혀 중요하지 않다."

••• 신체 건강에도 중요한 기대 효과(플라시보 효과)

'희망이나 기대'라고 하는 심리는 신체기능에도 긍정적 영향을 미친다는 연구가 있다. 의학에서는 이런 현상을 '플라시보(placebo) 효과'라고 말한다. '회복될 수 있다'라는 희망이 우리의 논리와 이성을 초월하는 놀라운 힘을 발휘한다는 사실은 의

학계에서는 그렇게 놀라운 이야기는 아니다.

약을 투여하였을 때 환자에게 나타나는 효과는 일반적으로 다음 3가지이다. “약의 성분 효과+플라시보 효과+자연적 치료 효과”. 이 3가지 효과에 의해 환자가 회복되는 것이다. 플라시보 효과란, 약에 대한 신뢰나 기대라고 하는 심리적 요인이 작용하여 병세가 호전되는 현상을 말한다. 쉽게 말하면 ‘가짜 약’일지라도 그걸 모르는 환자는 진짜 약으로 믿고 먹으면, 진짜 약만큼의 효과가 나타날 수 있다는 이야기다. 1,812명을 대상으로 가짜 약의 효과를 연구한 결과[3]를 보면 환자의 3분의 1이나 플라시보 효과가 나타났다는 보고가 있다. 심지어 외과 의사들도 수술 치료 효과에서 50~60%는 ‘회복기대’라고 하는 환자의 심리적 효과[4]로 보았다.

의학연구의 일부로서 환자의 신체적 건강에 미치는 플라시보 효과에 관해서 연구한 학자로는 대표적으로 미국의 의사 페퍼 박사[5]가 있다. 그는 1945년 「플라시보에 관한 고찰」이라는 제목으로 의학회지에 논문을 게재하였다. 그는 플라시보는 환자의 건강 회복에 약의 성분과 같은 정도의 효과가 있다는 사실을 밝혀냈다.

제2차 세계대전에서 부상한 병사들을 대상으로 한 연구[6]는 신체의 통증 감각이 실제 신체적 조직의 손상보다 병사의 사회심리적 상황과 깊게 관련되어 있다는 사실을 밝혀냈다. 이런 분석에 대한 근거는 다친 병사들 가운데 신체 통증으로 소리 지르며 울어댔지만, 진통 효과가 전혀 없는 주사를 놓자, 소리 지르며 울어대는 모습이 사라졌기 때문이다.

이런 현상이 일어나는 뇌의 메커니즘에 대해 세계 최초로 연구한 사람은 2002년 스웨덴의 연구팀이다. 연구팀의 놀라운 발견[7)]은 진짜 약이 투여되었을 때와 가짜 약이 투여되었을 때 뇌가 활성화되는 부분이 같다는 사실이다. 그 부분은 오피오이드(Opioid, 진통 효과가 있는 물질)가 방출되는 신경세포가 대량 존재하는 곳이다.

제2차 세계대전 당시 동남아에서 전쟁을 치르고 있었던 일본군은 그 지역의 열대성 기후로 인한 말라리아와 같은 풍토병으로 목숨을 잃는 병사가 속출한다. 게다가 연합군의 공세로 보급로가 차단되어 의약품이 부족한 상황에 이르게 되면서 일본군의 전세는 더욱 악화 일로를 걷게 된다. 그러자 이 문제를 풀기 위한 묘안으로 밀가루를 진짜 약 모양처럼 만들어 처방했다고 한다. 그런데 사망자가 줄어드는 등, 그 효과는 매우 놀라웠다. 사실 그 효과를 만든 실체는 가짜 약으로 처방한 속임수였지만. 건강식품이나 다이어트 식품의 효과도 일정 부분 이런 심리적 기대 효과가 영향을 미치고 있다고 보고 있다.

온 세상의 삼라만상에 영혼이 있다고 믿고 있는 원시 부족 추장의 의미 없는 주술에도 부족 환자가 낫는 이유는 '기대'라고 하는 이런 심리적 효과 때문인지도 모른다. 아프리카의 어떤 부족에서는 두통이나 어지럼증, 마비 증세, 심장병, 발작 등을 보이는 환자들에게 죽은 사람의 뼈를 갈아서 먹였다고 한다. 중국에서는 기공과 같은 의술에 대한 믿음이 커서 기(氣)를 통해서 병이나 상처를 치료하는 방법을 쓰기도 한다. 신흥종교에서는 영적 힘을 통해 '기적의 치료법'을 발견했다고 선전하면서 그것을 교세 확장을 위한 수단으로 이용하기도 한다.

이 모든 것은 비과학적이지만, 정령신앙을 믿고 있는 사람에게는 주술사의 의미 없는 주술이나 죽은 사람의 뼛가루가, 그리고 신흥종교에 심취해 있는 사람에게는 교주의 의미 없는 기도가 치료적 효과로 나타나는 이유는 환자나 신자 자신이 그것을 희망적으로 받아들였기 때문이다.

사실 전통사회의 치료법은 거의 플라시보 치료였다. 그 효과의 원인이 되는 실체는 환자의 기대 효과의 산물에 지나지 않은 것이었다. 당시 사람들은 오늘날과 같은 과학적 지식이 없었기에 그 시대의 방식으로 치료나 약을 제공하였고, 그리고 환자들은 그런 방식이 효과가 있다고 믿고 있었다. 그리고 그런 믿음이 실제 회복 효과로 나타났다.

••• 그렇다면 왜 '기대와 희망'이 실제가 되어버리는 걸까?

그렇다면 여기에 의문을 하나 가져보자. 머릿속으로 단순히 희망하거나 기대한 것이 실제가 되어버리는 이유가 무엇일까? 그 이유[8)]는 **뇌가 체험을 만들어 내버리기 때문이다.**

이 현상을 심리학 용어로 '자기 성취적 예언(어떤 기대나 예상이 근거가 없을지라도 그 예언이 그대로 되어버리는 현상)'이라고 말한다. 이런 현상이 나타나는 이유를 이해하기 위해서는 뇌과학에 대한 지식이 필요하다.

우리가 듣고, 보고, 냄새 맡고, 맛을 느끼고 하는 등의 모든 체험은 귀, 눈, 코, 입 등의 감각 기관이 아니라, 뇌에서 이루어지고 있다. 귀를 통해 소리 정보가 입력되지만, 그 정보가 무슨 소리인지 알게 하는 것은 뇌이다. 눈이라는 감각 기관을 통해 시각 정보가 들어오지만, 눈에 들어오는 그 물체가 어떤 물체인지 인식하는 것은 뇌이다. 냄새를 맡는 것도, 맛을 느끼게 하는 것도 뇌에서 코와 입의 신경세포를 통해 전달되는 신호를 처리하여 무슨 냄새인지, 무슨 맛인지를 체험하게 된다.

그런데 뇌의 작동 원리는 항상 일정한 방식으로 작동하는 기계와는 완전히 다르다. 뇌는 '환경 적응 원리'에 기초하고 있어서 그때그때의 상황에 따라 매우 유연하게 작동한다. 그래서 만일 신속한 대응이 필요한 경우는 입력된 정보를 처음부터 하나하나 꼼꼼하게 검토하지 않고, 이제까지의 축적된 지식이나 경험 정보를 활용하여 즉각 판단해버린다. 그래야만 신속한 대응을 할 수 있기 때문이다. 그리고 또한 뇌에 입력되는 정보는 워낙 많아서 그 방대한 정보를 일일이 하나하나 처리할 수도 없다.

뇌는 이 문제를 효과적으로 해결하기 위한 방법으로 이전(以前) 정보를 최대한 활용한다. 이전 정보란, 그 사람의 평소 생각이나 감정을 말한다. 그 사람의 평소 생각이나 감정을 학술적 용어로는 '**내부모델(template)**'이라고 말한다. 뇌는 입력 정보를 제로부터 처리하지 않고 이 내부모델의 도움을 받아서 정보를 편하게 처리하고 있는 것이다.

예를 들어 설명하면 이렇다. 우리는 대개 '비싼 것일수록 좋은 것이다'라고 하는 평소 생각, 즉 내부모델을 갖고 있다. 그러면 뇌는 이 내부모델에 따라 체험을 해버린다. 이 현상을 확인한 연구[9)10)]가 있다. 실험의 내용은 이렇다. 환자에게 고가(高價)의 진통제와 저가(低價)의 진통제를 투여하여 그 효과를 확인해 보았다. 물론 이 두 진통제는 모두 가짜 약이며, 환자는 그 사실을 모르고 있다. 이 연구의 목적은 성분이 동일함에도 불구하고 단지 가격의 차이가 진통 효과에 미치는 영향에 대한 것을 알아보기 위함이다. 실험 결과, 고가의 진통제가 저가 진통제보다 진통 효과가 더 좋았다. 똑같은 종류의 커피라고 할지라도 커피 가격에 따라 맛이 다르게 느껴지는 것도, 동네 식당보다 고급 레스토랑의 요리가 더 맛있게 느껴지는 것도 이런 이유 때문인지도 모른다.

그렇다면 여기에 또 하나의 의문을 하나 가져보자. 인간의 뇌는 자신이 무엇을 믿는가에 따라 실제 그렇게 되어 버리는 장난을 치는 이유가 무엇일까? 그 이유는 이제까지 구축해온 내부모델의 원칙에 대해 의문을 가지게 되면 뇌는 모든 입력 정보를 처음부터 새롭게 처리해야 하는 어려움이 있기 때문이다. 그러면 뇌가 과부하 상태에 놓이게 되면서 일상생활을 효율적으로 해 나가기가 힘들어진다. 그리고 신속한 대응이 필요한 위험한 상황에서는 즉각적인 판단이나 대응도 쉽지 않은 문제가 발생할 수도 있다.

그렇기 때문에 인간의 뇌는 감각 기관으로부터 전달받은 정보를 처음부터 하나하나 처리하는 것이 아니라, 평소 그 사람의 생각이나 감정, 즉 내부모델의 도움을 받아서 판단해버린다. 그러다 보니 자신의 평소 생각대로 뇌가 체험하는 현상이 나타난다.

이렇게 보면 인간의 뇌는 기대하는 것은 지각하고, 기대하지 않는 것은 지각하지 않도록 프로그래밍이 되어 있는 소프트웨어와 다름없는 것 같다. 프랑스 과학 범죄 조사학교에는 이런 슬로건이 있다-"눈은 그것을 찾고자 하는 것 이외의 것은 보이지 않는다. 그런데 찾고자 하는 것은 이미 마음속에 있는 것이다."

내부모델에 따라 정보를 처리해버리는 뇌의 실체를 정통으로 폭로한 슬로건이라고 생각한다.

그런데 이 문제는, 즉 내부모델에 따라 정보를 처리해버리는 뇌의 자기 편리주의 작업은 '학대 아동의 미래에 대한 불길한 예언'이 실제가 되어버리는 문제를 낳기도 한다. 이 문제에 대해 다음 세션에서 이야기해 보자.

••• 학대 아동에 대한 불길한 예언은 2차적 가해이다!

흥미로운 연구 하나를 소개하자. 노인에 관한 연구이다. '노화(老化)' 현상이란, 일반적으로 성인기 이후에 일어나는 신체적, 정신적 기능의 저하를 의미한다. 나이가 들면 근력도 떨어지고 기억력도 떨어지고, 몸도 여기저기 아프다. 아마 이런 노화 현상에 동의하지 않을 사람은 없을 것이다.

하지만 이런 생각은 어떤가? 이런 생각을 하고 있기에 오히려 나이가 들면 노화 현상이 더 빠르게 나타나고 있지는 않은가? 예를 들어 노인의 기억력이 떨어지는 이유는 나이가 들었기 때문이 아니라, 나이가 들면 기억이 나빠진다고 생각하는 고정관념이 하나의 원인이 될 수 있지 않느냐는 이야기다.

이를 확인한 연구[11)]가 있다. 연구는 "노인은 현명하며 지혜롭고 생각이 깊다고 하는 인식을 갖고 있는 문화(중국의 일부 지역)에 사는 노인"과 "노인에 대한 부정적인 이미지가 강한 문화(예, 미국 대부분 지역)에 사는 노인"을 대상으로 노화 현상의 속도에 대해 비교해 보았다. 그 결과, 전자의 노인이 후자보다 노화 현상이 더 더디게 나타났다. 이 이야기는 노화 현상은 생리적인 문제만이 아니라, 일정 부분 심리적 문제도 깊게 관여한다는 사실을 말해준다.

18~39세의 성인 229명을 대상으로 38년간 추적 조사한 연구[12)]가 있다. 연구자는 먼저 이들을 대상으로 「노인에 대한 인식 조사」를 했다. 조사내용은 노인에 대한 긍정적 인식(예, 노인은 현명하고 지혜롭다, 생각이 깊다 등)과 부정적 인식(예, 노인은 기억력이나 지적능력이 떨어진다, 사고의 유연성 결핍, 체력 저하 등)에 대한 것이었다. 38년이 지난 후 이들의 건강 상태를 조사해보았다. 38년 전에 노인에 대한 부정적인 생각이 강했던 사람 중, 심각한 순환기질환(주로 심장발작이나 뇌졸중)을 보인 사람은 58%로 나타났다. 그러나 노인에 대한 긍정적인 생각이 강했던 사람 가운데는 이런 질환을 보인 사람은 18%에 불과했다.

노화 현상과 수명의 차이에 관한 연구[13)]도 있다. 노화 현상을 긍정적으로 생각하는 사람은 부정적인 생각을 하는 사람보다 평균 7.7년이나 더 살았다.

그래서 프랑스의 철학자이자 작가인 시몬 드 보부아르[14]는 인간이 늙는다는 것은 개인의 문제가 아니라, 사회적 문제라고 보았다. 즉 늙음은 사회적으로 노인에 대한 편견이나 차별의 문제가 깊게 관여한다고 보았다. 그러면서 그녀는 이렇게 말했다.

'늙음은 문명의 스캔들이다.'

부정적인 기대나 전망으로 인해 실제 '부정적인 결과'가 나타나는 현상을 의학용어로 "노시보 효과(nocebo effect)"라고 말한다. 실제로는 사람에게 해가 없지만, 해롭다고 생각하는 선입견이나 믿음 때문에 실제 몸에 해로운 반응이나 영향이 나타나는 현상을 일컫는 말이다.

노시보 효과에 관한 연구[15]로는 약의 부작용에 대한 정보 제공 방식이 약 부작용의 정도에 영향을 미친다는 연구가 있다. A집단 환자에게는 "이 약을 먹으면 20%의 사람에게 부작용이 발생할 수 있다"라고 설명하고 약을 제공한다. 한편 B집단 환자에게는 반대로 "이 약을 먹으면 80%의 사람에게는 부작용이 발생하지 않는다"라고 설명하고 약을 제공한다. 이후 이 두 집단을 대상으로 약 부작용 발현의 차이를 조사하여 보았다. 결과는 흥미로웠다. "80%의 사람에게는 부작용이 나타나지 않는다"라는 설명을 들은 B집단 환자들은 A집단보다 부작용이 적게 나타났다.

노시보 효과 연구 결과는 학대 아동에 대해 불길한 예언을 늘어놓는 자들에게 경고하는 메시지가 있다. 불길한 예언이란? "아이는 평생 치유할 수 없는 마음의 상처를 입었다." "아이의 정신건강과 발달에 심각한 해를 끼쳤다." 등….

아이들은 어른에 비해 주위 사람들로부터의 사회적 신호(언어, 음성, 시선, 표정, 몸짓 등의 정보)의 영향을 더 크게 받는다. 이런 현상을 **"대리 노시보 효과"**라고 한다. 대리 노시보 효과[16)]란, 상대방의 불길한 언어나 표정, 행동 등의 영향을 받아 그 사람이 실제 그렇게 되어버리는 현상을 말한다. 제1부 제3장(학대 피해 아동에 대한 오해)에서 설명하였듯이 아이들은 어떤 역경을 경험할지라도 그 발달과정이 매우 유연하고, 또한 그 성향도 낙천주의자여서 밝은 미래를 상상하며 희망의 노래를 부르고 있다. 그럼에도 불구하고 어른들이 불길한 미래를 이야기하면서 슬픈 노래를 부르면 아이의 의지는 꺾일 수밖에 없다.

이렇게 보면 아무런 과학적 근거 없이 '학대가 아이의 정신건강이나 발달에 심각한 해를 끼쳤다'라는 불길한 예언을 늘어놓는 사람은 아동 학대자만큼이나 아이에게 해로운 존재가 아닌가.

PART 2

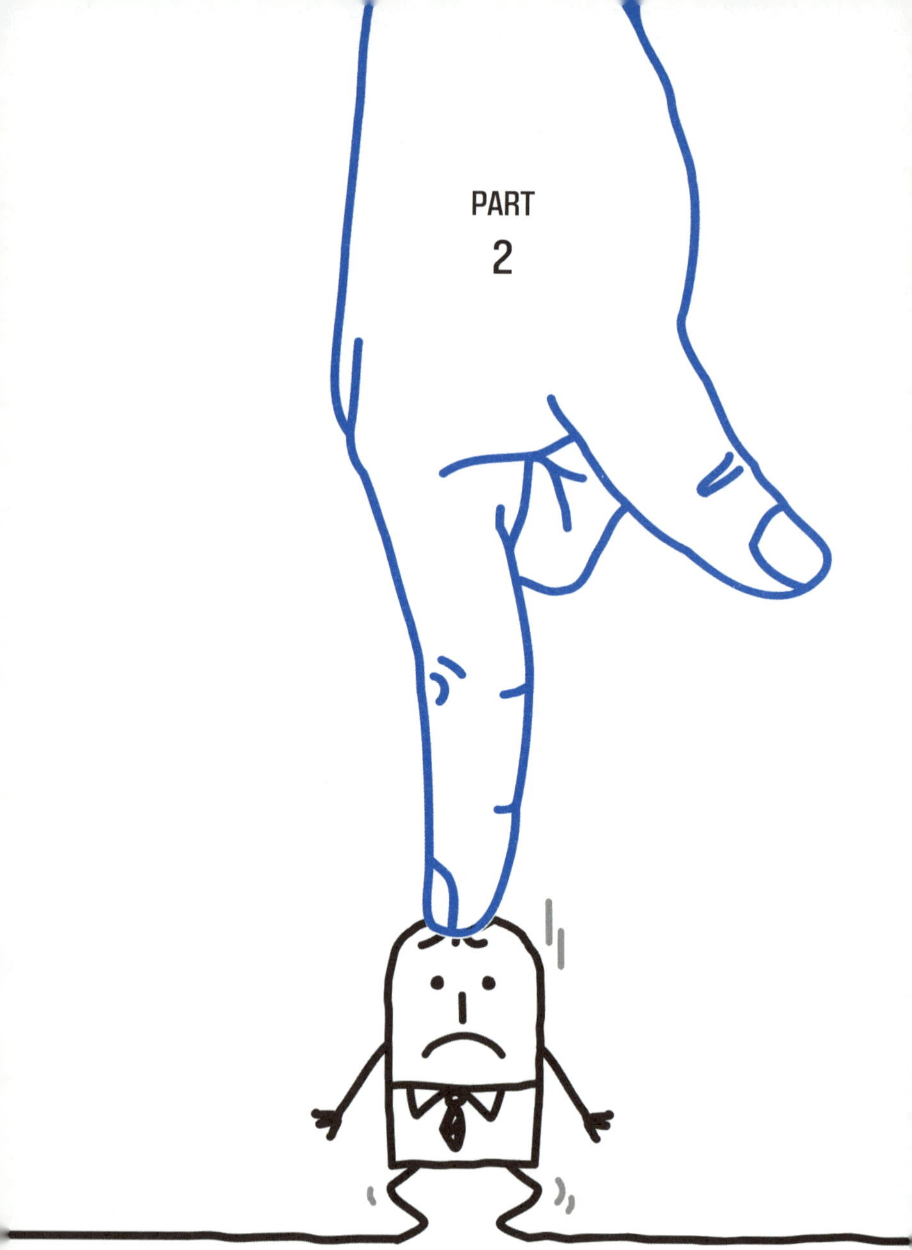

실체가 없는 아동학대의 탄생

진실은 존재하지 않는다.
존재하는 것은 해석뿐이다.

- 철학자 니체 -

CHAPTER 01

소박한 부모 편애주의자

••• 당신의 기억 정보는 정확한가?

우리가 믿고 있는 기억이 반드시 정확한 것은 아니다.

이 주장은 기억연구[1]에서 자주 언급되는 이야기다. 1993년 영국에서 한 청년이 고명한 신부에게 성폭행을 당했다고 고소한 사건이 발생하였다. 사실관계를 확인한 결과, 그 청년의 기억은 허위 기억이었다. 허위 기억(false memories)이란, “기억 내용이 사실이 아님에도 불구하고 본인은 정말 그게 사실이라고 믿고 있는 현상”을 말한다. 이 사건을 계기로 당시 유럽이나 미국에서는 고소자의 허위 기억 때문에 피해를 본 사람들의 소송이 이어졌다. 이 청년은 망상이나 환청 등의 정신질환을 앓고 있는 상태는 아니었다. 정신적으로 전혀 문제가 없는 극히 평범한 사람이었다. 그런데도 이 사람은 왜 자신이 경험하지도 않은 사건을 경험적 사건으로 기억하고 있는 것일까? 이 문제를 연구하기 위해 미국과 영국에서는 “허위기억협회”까지 만들어지기도 했다.

사실 인간은 누구나 평소 착각이나 기억의 오류를 경험하고 있다. 기억력이 좋은 사람도 예외가 아니다. 이런 기억의 오류 현상은 특히 심리치료에서 많이 나타난다.

하나의 치료 사례를 소개하자. 한 청년이 어릴 때 부모에게 학대를 받았다고 굳게 믿고 있었다. 그런데 이게 허위 기억이었다. 치료과정에서 이런 문제가 나타나는 배경은 이렇다. 치료실을 찾는 사람은 대개 정신적으로 힘들어서 오는 경우가 일반적이다. 치료사는 이런 사람에게 하나의 암묵적 전제를 깔고 이런저런 질문을 해나간다. 암묵의 전제란? "분명히 이 사람은 과거에 학대나 괴롭힘, 성폭력 등의 불행한 경험을 한 적이 있었을 것이다"라는 전제이다.

이런 전제하에서 진행되는 치료과정은 이렇다. 먼저 ①치료사는 환자에게 무리하게 과거의 이런저런 일(불쾌한 경험을 중심으로)을 생각하도록 유도한다 → ②치료사는 환자의 입에서 나오는 파편처럼 흩어진 에피소드를 하나의 정리된 이야기로 합성해서 문제의 원인을 추정하여 그것을 환자에게 설명한다 → ③그러면 환자는 치료사의 체계적 설명으로 만들어진 합성된 허위 기억을 자신이 실제 경험한 일로 믿어버린다.

심리치료기법 가운데 정신분석적 심리치료는 대개 이런 식의 과정이다. 정신분석은 환자 본인이 모르는 마음의 세계(무의식)를 분석해서 환자의 억압된 기억(생각해 내지 못하는 기억)을 되살리게 하면 마음이 치료된다고 보는 치료기법이다. 환자는 자신의 기억 창고에는 없지만, 치료사에 대한 절대적 신뢰가 있기에 "아~ 그렇군요."라고 전문가의 분석을 대개 그대로 받아들인다. 앞에서 언급했던 청년의 허위 기억 실체는 사실 치료사의 엉터리 분석에 대한 절대적 신뢰의 결과물에 지나지 않았던 것이었다.

••• 아이의 마음을 지배하는 권위효과

이런 허위 기억 현상은 어른보다 특히 아이에게 나타나기 쉽다. 그 이유는 아이들의 경우, 신뢰 효과만이 아니라 **'권위효과'**[2] 라고 불리는 현상이 더 보태지기 때문이다. 권위효과란, 부모나 경찰, 의사 등 권위를 가진 사람으로부터의 질문이나 발언은 아이의 기억을 바꿔버릴 정도로 엄청난 영향을 미침으로써 나타나는 현상을 말한다.

아이들은 권위자의 질문에는 민감하다. 그 이유는 권위자가 원하는 대답을 해야 한다는 심리적 압박을 받기 때문이다. 그래서 아이들은 설령 자신이 알고 있는 사실과 다를지라도 권위자가 원하는 대답을 해버리는 경우가 적지 않다.

그리고 아이들은 권위자의 질문에 대해 정신적으로 압력을 받는 이유가 또 하나 있다. 어른들의 질문은 대개 자신이 몰라서 묻는 게 아니라, 자신이 이미 알고 있는 사실을 아이도 알고 있는지를 확인하기 위해 묻는 경우가 일반적이다. 예를 들어 아이에게 “우리나라 수도는 어디일까?”라고 질문하는 경우이다. 이 질문은 부모 자신이 모르기 때문에 묻는 게 아니라, 아이가 우리나라 수도를 알고 있는지를 확인하기 위한 질문이다. 아이들은 이러한 사실을 잘 알고 있다.

그래서 아이들은 엄마의 이런 질문에 대해서 어떻게 해서든 엄마가 기대하는 대답을 해야 한다는 정신적 압력을 받게 된다. 만일 “모르겠어요”라고 말하거나 틀린 대답을 해버리면 엄마가 실망하거나, 엄마에게 혼날 수도 있지 않을까 하는 두려움이 있다. 이 때문에 아이는 사실 여부와 관계없이 권위자의 행동이나 말에 집중하면서 가능한 권위자의 기대를 충족시키는 대답을 해야겠다는 심리적 압박을 받게 된다. 그래서 실제 다음과 같은 문제가 발생하기도 한다.

엄마: 선생님이 네 얼굴을 꼬집었어?

아이: 음…, 아닌데.

엄마: 선생님에게 얼굴 꼬집히지 않았니?

아이: (조금 전에 ‘아니’라고 대답했는데, 왜 다시 묻지? 엄마는 내가 선생님에게 꼬집혔다고 이야기하길 원하나…) 응.

엄마: 꼬집혔구나. 아팠지?

아이: 응, 아팠어.

피해 아동의 진실을 듣는 것은 중요하다. 하지만, 이런 식의 질문으로 인해 아이의 입에서 결국 "선생님에게 꼬집혔어요"라는 허위 진술이 나오게 된다. 이후 권위자로부터 몇 개의 질문을 더 받게 되면 아이는 자신의 대답과 실제 기억의 모니터링이 불가능해져 버리면서 마침내 처음의 기억이 유도된 질문에 의한 대답으로 바뀌어 버리는 현상이 나타난다. 이런 심리적 현상을 **'피암시성'**이라고 한다.

프랑스의 심리학자 알프레드 비네가 실시한 피암시성 실험[3)]을 소개하자. 실험 내용은 이렇다. 실험자가 세 집단(A, B, C집단)의 사람들에게 모두 동일한 그림(또는 사진)을 잠시 보여주고 난 후에 다음과 같이 각각 다르게 질문한다. 단, 그림(또는 사진)에는 모두 고양이가 등장하지는 않는다.

A집단에게 질문–"조금 전에 봤던 그림 안에는 무엇이 그려져 있던가요?"

B집단에게 질문–"조금 전에 봤던 그림 가운데 고양이가 있던가요?"

C집단에게 질문–"조금 전에 봤던 그림 가운데 고양이가 어디에 있던가요?"

이 세 집단 사람들에게 던진 질문의 차이는 '고양이 그림'을 암시하는 정도가 다르다. 실험 결과는 흥미로웠다. 고양이 그림을 암시하는 질문이 전혀 담겨 있지 않은 A집단 사람들은 대부분(80% 정도) 자신이 실제 본 것을 말했다. 그러나 실험자의 암시성 질문(고양이 그림을 언급함)이 조금 들어가 있는 질문(B집단 질문)을 하면 40%의 사람이, 암시성이 매우 높은 질문(C집단 질문)을 하면 60%의 사람이 그림 속에 고양이 그림을 언급했다. 실제로는 그림 속에 고양이는 모두 등장하지 않았지만. 박사는 이런 피암시성 질문에 쉽게 좌우되어 가장 엉뚱한 대답을 하기 쉬운 대상에 대해서도 연구하였다. 연구 결과, 그 대상은?

"아이들이었다."

··· 아이는 정직하다?!

"아이는 정직하지 않다!"

이 주장에 대한 당신의 생각은? 아마 당신은 이런 주장을 하는 사람을 아이의 순수함이나 정직함을 모르는 사람이라고 비난할지 모른다. 물론 어른과 비교하면 아이들은 순수하고 정직하다. 연구4)에 의하면 어른들은 타인과의 관계에서 다섯 번 중에

한 번꼴로 거짓말을 하고 있었다.

그러나 어른만큼은 아니지만, 아이들도 거짓말을 한다. 거짓말을 하려면 아이의 머리가 어느 정도 똑똑해야 한다. 자신의 마음과 상대방의 마음이 다르다는 것을 알아야 한다. 즉 자신이 알고 있는 사실을 상대방은 모르고 있다는 걸 이해할 수 있어야 한다. 발달적으로 이런 능력은 유아기 때면 보인다. 이를 증명하는 연구[5] 하나를 소개하자.

실험명은 일명 "몰래 엿보기 게임"이다. 아이가 머리 뒤에서 들리는 장난감 소리를 듣고 그 장난감이 무엇인지를 맞히는 게임이다. 실험자는 아이가 장난감을 보지 못하도록 얼굴을 벽 쪽으로 향하도록 했다. 그리고 뒤쪽에 있는 테이블 위의 3종류의 장난감 소리를 순서에 따라 들려주었다. 첫 번째는 소방차 장난감에서 나는 사이렌 소리, 두 번째는 아기인형이 내는 울음소리였다. 아이들은 이 두 게임에 대해서는 쉽게 맞추었다.

그런데 세 번째 소리는 상당히 맞추기 어려운 게임이다. 장난감 축구공에서 베토벤의 '엘리제를 위하여'라는 노래가 흘러나온다. 아이는 이 노래를 듣고 정답(축구공)을 맞혀야 한다. 머리 뒤에 눈이 달리지 않고는 이 문제를 풀 수 있는 사람은 없을 것이다. 실험자는 축구공에서 베토벤 곡이 흘러나오는 이 황당한 상황을 만들어 놓고는 아이에게 이런 말을 남기고 실험실을 벗어난다.

"미안해요. 갑자기 일이 있어 잠시 나갔다가 올게요. 기다려 주세요."

자~, 이후 아이들의 행동은 어떠했을까?

실험자가 방을 나가자 아이들은 고개를 돌려 테이블 위의 장난감 축구공을 훔쳐보고는 재빠르게 다시 고개를 벽 쪽으로 향했다. 이후 실험자가 돌아와서 아이에게 이렇게 물었다.

"무슨 장난감일까요?"

얼굴을 벽 쪽으로 향한 채 아이는 이렇게 큰 소리로 대답했다.

"장난감 공이에요."

어떤 아이는 "축구공 아닌가요?"라고 자신감 없는 듯한 목소리로 대답하기도 했다. 이때 실험자는 다시 아이에게 이렇게 물었다.

"혹시 내가 없는 동안 몰래 보지 않았니?"

(아이의 대답이다) **"안 봤어요."**

실험자는 다시 물었다.

"그런데, 그 노랫소리를 듣고 어떻게 축구공인 줄 알았지?"

이 질문에 대해 아이들은 실험자가 납득할 만한 합리적인 이유를 설명할 필요가 있었다. 그런데 그 설명은 놀라웠다.

"노래가 공이 날아갈 때의 소리처럼 들렸어요."

"노래가 유치원에서 갖고 놀았던 공의 소리와 너무 같아요."

이 실험을 통해서 밝혀진 사실은 두 가지이다.

하나는 아이들은 우리가 생각했던 것보다 훨씬 일찍 거짓말을 한다는 사실이다. 실험에서 3세는 3명 중에 한 명, 4세 아이는 80% 이상이 실험자 몰래 장난감 축구공을 훔쳐보고도 "안 보았어요"라고 대답했다. "정말 안 보았니?"라고 다시 물어보아도 여전히 거짓말을 했다.

물론 이런 하나의 실험 결과를 갖고, 아이의 정직성을 완전히 부정해버리는 것은 옳지 않다. 그래서 이후 학자들은 다른 다양한 유혹 상황을 설정해서 실험을 해보았다. 안타깝게도 여전히 아이의 정직함을 부정하는 데이터를 내놓고 있다.

이제는 실험 장면이 아니라, 평소 얼마나 거짓말을 하고 있는지를 알아보기 위해 아이들의 일상생활을 관찰해 보았다. 그 결과는 충격적이었다. 4세 아이는 2시간에 한 번꼴로, 6세 아이는 1시간에 거의 한 번꼴로 거짓말을 했다.

연구를 통해 또 하나의 밝혀진 사실은 아이들의 놀라운 지적 능력이다. 거짓말을 하려면 기존의 사실을 인식한 다음에 그것을 바꿀 수 있는 실제적 이야기를 머릿속으로 만들 수 있어야 한다. 그리고 그 이야기를 상대방에게 이해시키는 능력도 필요하다. 이런 능력이 아이들에게 있었다. 아마 아이의 거짓말에 대해 관용적인 부모들은 이렇게 말할지 모른다.

"아직 어려 철이 없어서 그런 거지", "아직 어려서 거짓말이 얼마나 나쁜지를 모르니까", "거짓말이라는 게 어떤 것인지 모르니까"

정말 그럴까?

아이들은 자신의 거짓말이 폭로되는 상황을 회피하는 능력이 있음이 실험에서 확인되었다. 축구공에서 베토벤 곡이 흘러나오는 황당한 게임이었지만, 실험자가 "그런데, 그 노래를 듣고 어떻게 축구공인 줄 알았지?"라고 추궁하자, 아이들의 대답은 "유치원에서 갖고 놀았던 공에서 났던 소리와 같아요.", "노래가 공이 날아갈 때의 소리처럼 들렸어요."라고 태연하게 자신의 거짓말을 합리화하는 설명을 했다. 그리고 실험자가 약속한 상을 주자, 얼굴에 엷은 미소가 퍼져나갔다.

··· 아이의 거짓말은 간파하기 어렵다

미국 법정에는 부모의 양육권이나 아동학대와 관련된 사건으로 거의 매년 10만 명의 아이들이 증언대에 서는 것으로 알려져 있다. 당연히 법정에서는 검사와 변호사 사이에 격론이 벌어진다. 그 중심 논쟁 중의 하나는 과연 '아이의 증언'을 믿을 수 있는가에 대한 것이다. 이 논쟁은 "아이의 거짓 증언을 간파할 수 있는가"의 문제이기도 하다. 세계적으로 '거짓말 연구'의 일인자로 알려져 있는 캐나다 마길대학의 교수 탈워 박사는 이 문제를 연구[6)]하였다. 연구 방법은 이렇다. 한 어린 소녀가 법정에서 증언하는 장면을 설정하였다. 증언 내용은 이렇다. "버거킹에서 남자아이들이 나를 중국 아이라고 조롱하며 프라이드 감자를 내 머리에 던졌어요."

물론 이 증언은 거짓 증언이다. 실험자가 부탁한 이야기를 소녀는 말했을 뿐이다. 그런데 법정에서 이 아이의 거짓말을 간파한 사람은 거의 없었다.

그렇다면 아이의 거짓말을 간파하기 어려운 이유는 무엇일까? 어른들이 거짓말을 할 때는 소리의 높낮이, 동공의 확대, 눈의 움직임 등 신체나 생리적 반응 등의 비언어적인 정보를 통해 그 사람이 거짓말을 하고 있는지를 판단해 나갈 수 있다.

그러나 아이들의 경우는 이런 신체나 생리적 반응 표출에 편

차가 너무 심해서 판단이 쉽지 않다. 탈워 박사의 연구에서도 보면 아이의 거짓말을 정확하게 간파한 사람은 45%에 지나지 않았다. 아마 부모들은 이렇게 생각할지 모른다. "우리 애는 절대 거짓말을 하지 않아요. 만일 거짓말을 하면 아이의 눈빛만 보면 알 수 있어요." 그러나, 이렇게 말한 부모일지라도 실험 장면에서 아이의 거짓말을 정확히 알아차린 사람은 50%에 지나지 않았다. 벨기에 심리학자, 드 그래후 박사[7]는 이렇게 말한다.

"심리학을 공부하지 않은 아이들조차도 인간의 심리를 활용하는 능력을 갖고 있다. 어른들은 대개 성인의 증언을 그대로 믿지는 않는다. 어른은 지성이 있어서 사실을 그대로 이야기하지 않는다고 생각하기 때문이다. 그런데 우리는 아이들의 증언은 쉽게 그대로 믿어버린다. 그 이유는 아이를 믿기 때문이 아니라, 아이의 지성을 과소평가하기 때문이다."

··· 아이가 몰랐던 타인의 아픔

만일 자신의 거짓말이 선생님이나 친구에게 아픔을 준다고 생각한다면 아이는 엄마에게 사실대로 말하게 될까? 이 질문에 대한 답을 얻기 위해서는 다음 질문이 필요하다.

"아이의 거짓말을 줄이는 방법은 없을까?"

아이의 거짓말을 줄이기 위해 이솝우화에 나오는 『양치기 소년』 이야기를 들려주면 어떨까? 양치기 소년은 몇 번이나 거짓말을 하는 바람에 양들이 모두 늑대에게 잡아 먹혀버렸다는 이야기다. 이 이야기를 들려주고 아이에게 이렇게 겁을 주자.

"거짓말을 하면 큰 벌을 받아요!"

연구에 의하면 이 방법은 **"별로 효과가 없다"**는 결론을 짓고 있다. 그 이유가 뭘까? 아이들은 '거짓말은 어떠한 경우라도 나쁘다'라는 사실을 잘 알고 있다. 그런데도 왜 거짓말을 할까? 그래서 이번에는 아이에게 이렇게 물어보자.

"거짓말을 하면 왜 나쁘지?"

(아이의 대답) "거짓말하면 혼나서 나빠요."

이 대답을 통해서 유추 가능한 아이의 심리는?

'거짓말이 나쁘다'고 생각하는 이유는 어른들처럼 도덕적 관점이 아니라, **'자기 방위적 관점'**이라는 사실이다. 즉 아이들의 머릿속은 오직 "엄마에게 혼이 나는지, 안 나는지"라고 하는 자기 방위적인 생각으로 가득할 뿐이다.

그러다 보니 아이들은 때로는 본의 아니게 다른 사람에게 아픔을 주기도 한다. 아이들의 머릿속은 거짓말이 자신에게 도움이 되는지, 안 되는지에 초점이 맞춰져 있어서 자신의 거짓말로 인해 선생님이나 친구가 힘들어지게 된다는 사실을 생각할 여유가 없다.

하루는 필자는 이제 5살이 되는 손녀를 데리고 집 가까이에 있는 대형 마트에 갔다. 온종일 집에서 보내는 것이 재미없기도 해서 손녀에게 이렇게 유혹해 보았다.

"우리 ○○마트에 장난감 보러 갈까?"

이렇게 말하면 손녀는 항상 나에게 귓속말로 비아냥거리면서 하는 말이 있다.

"사주지도 않을 거면서."

하지만 이날은 집에서 보내는 시간이 따분했는지, 아무 소리도 하지 않고 흔쾌히 나의 제안을 수락해주었다. 손녀를 데리고 마트의 장난감 진열대로 갔다. 이날도 여느 때처럼 진열대의 장난감에서 눈을 떼지 않았다. 그런데 손녀의 걸음이 한 장난감이 있는 곳에서 멈추었다. 동물 인형들이 있는 곳이었다. 이 인형, 저 인형 집어 들고 만지작거리고는 다시 제자리에 갖다 놓기를 반복했다. 그 모습이 안쓰러워 나는 손녀에게 이렇게 말했다.

"할아버지가 하나 사줄게. 마음에 드는 걸 하나 골라."

그러자 손녀의 표정이 달라지면서 즉각 "이걸 할게"라고 하며 토끼 인형을 집어 들었다.

필자는 이때 이렇게 장난 섞인 경고를 해보았다.

"근데 이걸 사면 엄마한테 혼날 텐데, 괜찮을까?"

그러자 손녀의 머뭇거림이 보였다.

이때 나는 또 유아심리학자의 마음이 발동되면서 이번에는 이런 실험을 해보았다.

"괜찮아. 엄마한테는 시아(손녀 이름)가 사달라고 해서 사준 게 아니라, 할아버지가 사주고 싶어서 사줬다고 하면 되니까, 시아는 혼나지 않을 거야. 그런데 시아야~, 할아버지가 이걸 사주면 할아버지는 엄마한테 혼이 날 텐데, 괜찮아?"

그러자 손녀의 입가에 옅은 미소가 번지면서 지체 없이 이렇게 대답했다.

"응~, 괜찮아."

할아버지의 마음을 배려하지 않는 손녀가 미운 게 아니라, 나도 모르게 웃어버렸다.

아이들은 거짓말을 자기 방위적 관점에서만 생각하기 때문에 '거짓말하게 되면 벌을 받게 된다'고 위협할지라도 소용이 없다. 오히려 자신이 감당해야 하는 벌을 과중하게만 인식할 뿐이다. 그래서 아이 거짓말 연구는 하나같이 다음과 같은 결론을 내리고 있다.

"아무리 강한 벌로 아이를 위협할지라도 아이의 거짓말은 줄일 수 없다."

••• 아이는 왜 엄마가 원하는 거짓말을 해버릴까?

그렇다면 아이의 거짓말을 줄이는 방법으로 이런 방법은 어떨까?

"네가 거짓말을 하더라도 엄마는 절대 혼내지 않을 거야. 그러니까 사실대로 이야기해 줘."

이렇게 유혹하면 거짓말이 줄어들까? 아동심리학자들은 이런 궁금증도 참지 못한다. 그래서 이번에는 이런 방법으로 실험해 보았다. 실험은 앞에서 소개했던 "몰래 엿보기 게임" 실험의 후속 연구이다.

실험자는 아이에게 이렇게 말해보았다.

"내가 없는 동안에 뒤에 놓여 있는 장난감을 몰래 슬쩍 훔쳐보더라도 절대 혼내지는 않을 거야. 그러니까 몰래 봐도 전혀 문제 될 것은 없어요."

대개 부모는 자녀가 숨김없이 이야기하도록 유도할 때 쓰는 방법이기도 하다. "혼내지 않을 테니 사실대로 말해줘."

실험 결과는?

역시 이 방법도 소용이 없었다. 도대체 그 이유가 무엇일까? 아이들의 심리는 단순하지 않으며, 이렇게 말하는 어른의 말을 거의 믿지 않는다는 사실이다. 아이들은 머릿속으로 이렇게 생각하고 있다.

"엄마의 진짜 마음은 어쨌든 내가 거짓말하는 것을 원하지 않을 거야. 거짓말이 아니라고 말만 하더라도 엄마는 나를 좋아해 줄 거야."

"사실대로 말할 것인가, 아니면 거짓말을 할 것인가?" 사이에서 아이들의 머릿속을 지배하는 것은 "어떻게 하면 엄마가 원하는 대답을 해줄 것인가"에 초점이 맞춰져 있다. 아이들의 머릿속에는 다음과 같은 공식으로 가득하다.

"엄마에게 혼나지 않는 대답 + 엄마가 원하는 대답"

이에 관한 다른 연구[8]도 이런 결론을 내리고 있다.

아이들은 부모를 만족하게 하려고, 즉 부모에게 기쁨을 주기 위해 거짓말을 하기도 한다. 그러기에 아이에게 아무리 "사실대로 이야기해 줘, 혼내지 않을 테니"라고 유혹해 보아도 소용없다. 아이들이 만족시키고 싶은 대상은 자기 자신이 아니라, 부모이다. 아이들의 생각은 언제나 이런 생각으로 가득하다.

"엄마가 좋아하는 것은 사실보다는 엄마가 원하는 대답이다!"

아이의 이런 부모 편애주의 사고는 때로는 본의 아니게, 타인에게 '실체가 없는 학대의 탄생'이라고 하는 아픔을 안겨주기도 한다.

CHAPTER 02

미디어가 생산한 아동학대의 탄생

··· 우리는 미디어를 통해 세상을 보고 있다!

전쟁 역사에서 가장 잔혹했던 전쟁은? 즉 희생자가 가장 많았던 전쟁은? 아마 당신은 본 장의 주제에 전혀 맞지 않은 뜬금없는 질문이라고 생각할지 모른다. 그렇지 않다. 이 질문은 미디어의 문제와 깊은 관련이 있다. 이 질문에 대한 당신의 대답은 그렇게 어렵지 않을 것이다. 제2차 세계대전이다. 사망자가 무려 7천만여 명에서 1억 3천만여 명으로 추정하고 있다.

그렇다면 아직 전쟁 무기가 현대화되지 않았던 과거의 전쟁 역사에서 희생자가 많았던 전쟁은? 17세기 초에 발생한 유럽의 30년 전쟁이다. 이 전쟁은 로마 가톨릭교회를 지지하는 국가들과 개신교회를 지지하는 국가들 사이에서 벌어진 종교 전쟁이다. 이 전쟁은 유럽 전쟁사뿐만 아니라, 인류의 전쟁사에서 가장 잔혹하고 사망자가 많았던(사망자 800만 명으로 추정) 전쟁 중의 하나로 꼽히고 있다.

사실 이 전쟁의 시작은 처음에는 일부 국가의 다툼에 불과했다. 그런데 이후 유럽 대부분의 강대국이 개입하는 대규모 전쟁으로 발전하게 된다. 전쟁 역사학자의 이야기에 의하면 그 배경에는 미디어의 역할이 무관하지 않다고 분석하고 있다. 당시 미디어의 주류는 인쇄물이었다. 로마 가톨릭은 악마의 이미지가 그려지고, 프로테스탄트(개신교)는 천사에 의해 보호받고 있다는 선전이 담긴 인쇄물이 유럽 전역에 퍼지게 된다. 그러면서 유럽 대부분의 강국이 개입하는 전쟁으로 발전하게 된 것이다.

우리는 세상 이야기를 대개 대중 매체를 통해서 알고 있다. 그래서 미디어를 종종 우리 사회의 눈과 귀로 비유한다. 10년 전 필자는 연구소 행사의 하나로 "다문화 보육의 이해와 지원"이라는 주제로 세미나를 개최한 적이 있었다. 세미나 발표자로 베트남, 중국, 몽골, 캄보디아 부모를 초청하여 이들 나라의 육아 방식에 관한 이야기를 듣는 시간을 가졌다. 먼저 몽골 부모가 단상에 올랐다. 그녀는 학생들에게 이런 질문으로 이야기를 시작하였다.

"여러분, 몽골 하면 어떤 생각이 가장 먼저 머리에 떠오르세요?"

그러나 학생들의 반응이 없다. 그러자 "말? 넓고 푸른 초원?" 그녀는 이런저런 힌트를 던지면서 학생들의 반응을 유도하였다. 여전히 학생들의 반응이 없자, 머쓱한 표정을 지으며 이렇게 수습하였다.

“(애써 미소를 머금고) 우리 몽골 사람들은 그런 자연환경에서 살고 있거나 말을 타는 사람은 그렇게 많지 않아요. 대부분은 여러분처럼 살고 있답니다.”

‘몽골’이라는 나라를 머리에 떠올리면 광활한 초원에서 한가로이 풀을 뜯어 먹고 있는 말의 무리가 그려진다. ‘게르’라는 천막집을 짓고 양 떼 무리를 거느리면서 풀을 찾아 여기저기 옮겨 다니며 생활하는 유목민의 모습이 머리에 떠오를지도 모른다. ‘사우디아라비아’라는 나라를 생각하면 끝이 보이지 않는 황량한 사막 위를 길게 줄지어 가고 있는 낙타의 행렬이 그려질지도 모른다.

이런 모습들이 머릿속에 그려지는 이유가 무엇일까? 우리가 그 나라를 잘 알기 때문이 아니라, TV나 인터넷 등의 매체를 통해 그런 영상이나 사진을 많이 보았기 때문이다. 그러나 실상은 그 나라 사람들도 대부분 우리와 다름없는 생활을 하고 있다.

“한국에 가게 되면 온돌방에서 잠을 자야 하는데 걱정됩니다.”

“한국에는 매운 음식밖에 없는데, 식사는 제대로 할 수 있을지 걱정됩니다.”

“한국 사람들은 주로 불고기를 많이 먹는데, 나는 채소를 좋아해서 걱정됩니다.”

한 일본 여성이 남편의 근무지가 한국으로 옮겨지면서 본인도 함께 한국 생활을 해야 하는 상황에서 걱정되는 문제를 필자에게 털어놓은 이야기이다. 그로부터 3년의 세월이 흐르고 그 부인이 한국을 떠나기 전 다시 만날 기회를 가졌다. 나는 그동안의 한국 생활에 대해 물어보았다.

"(웃으면서) 괜한 걱정을 했던 것 같아요. 일본 TV에서 한국 드라마나 한국에 관한 이야기에는 언제나 온돌방이나 매운 음식, 불고기 이야기가 나왔던 것 같아요. 그러다 보니 한국에 가서 살아야 했을 때 '온돌방에서 어떻게 자지, 난 매운 것을 못 먹는데' 이런저런 걱정을 많이 했었던 것 같아요. 괜한 생각을 했어요. 한국이나 일본이나 사람 사는 곳은 다 똑같은 것 같아요."

··· 미디어는 정확한 정보를 전하고 있는가?

"디지털 아마겟돈, Y2K를 대비하라!"

"세계 대혼란 초래"

이런 경고가 각종 미디어에 자주 등장하던 때가 있었다. 1999년이다. 20세기의 마지막 해를 보내면서 미디어는 하나같이 "Y2K[1] 밀레니엄 버그(millennium bug)"라는 단어를 사용하면서 2000년이 되면 모든 일상 업무에 일대 대혼란이 일어나게 될 것이라고 예견했다.

당시 대혼란이란? 컴퓨터가 현재 인식하고 있는 연도 표기는 두 자리로 되어 있어서 기계들이 2000년이 되는 순간을 1900년으로 인식하여 은행 등 금융권의 이자 계산부터 모든 연산 결과가 왜곡될 수 있다는 것이다. 그리고 세금 계산이나 계약 만기일 등 날짜와 관련된 문제가 발생하여 일상생활에 대혼란이 생길 수 있다는 것이었다. 심지어 어떤 언론은 비행기 추락, 아무렇게나 날아올 미사일, 100년 치의 이자 정산, 원자로 파괴 등을 우려하는 보도를 하기도 하였다.

하지만 당시 미디어가 우려했던 이 모든 혼란은 하나도 발생하지 않았다. 모든 나라가 단단히 대비했기 때문인지, 아니면 정보의 정확성을 확인도 하지 않고 무조건 시청자들의 눈과 귀를 유혹하기 위해 내보낸 것인지, 아니면 그럴 수도 있다는 정보를 확대해석한 것인지는 모르겠지만, 2000년의 새해는 평온했고 모두 새천년에 대한 희망을 품고 첫날을 보냈다.

··· 미디어가 말하는 '다수'라는 실체는 그 시작점이 허구다

"신문 없는 정부를 선택할 것인가, 아니면 정부 없는 신문을 선택할 것이냐는 질문 앞에 나의 대답은 분명하다. 나는 한순간도 주저하지 않고 후자를 택할 것이다."

이 말을 한 사람은 미국 독립선언서의 초안을 만든 미국의 제3대 대통령 토머스 제퍼슨이다. 토머스 제퍼슨은 당시 미디어의 주류였던 신문에 대해 공정성과 중립성, 그리고 객관성이라고 하는 믿음을 갖고 있었던 것 같다. 그래서 그는 국가 권력의 부패를 방지하기 위해서는 미디어의 역할은 필요불가결하다고 보았다. 그리고 이런 역할수행이야말로 미디어의 본질적 가치라고 생각했다.

그러나 오늘날 '미디어가 기능하지 않는 국가의 통치 권력은 부패할 수밖에 없다'는 그의 생각에 동의하는 사람은 그렇게 많지 않을 것이다. 미국의 사회학자 토그빌은 미디어가 지배하는 시대를 예견하면서 이런 불길한 예언을 내놓았다. "미국의 민주주의도 언젠가는 파괴될 것이다." 그는 미디어가 지배하는 시대에 민주주의가 어떻게 파괴되는지를 다음과 같이 설명하고 있다.

"사람들은 대부분 미디어를 통해 세상을 알게 되고, 미디어를 통해 정치 이야기를 듣는다. 그렇게 되었을 때 발생하는 문제는 '다수'라는 문제다. 미디어가 제공하는 선동적이고 획일적인 정보만을 수용하는 사람들은 다수의 욕망을 받아들이고 대변하는 권력자가 나타났을 때, 사람들은 그 권력자의 달콤한 말에 휘둘리기 쉽다. 그러면 그런 움직임이 다시 대중 매체를 통해 증폭되면서 포퓰리즘(Populism)과 같은 상황이 만들어진다. 그러면 결국 민주주의(Democracy)는 파국의 길에 들어서게 될 것이다."

사회학자 토그빌의 이런 불길한 예언은 적중했다. 그 예언의 대표적인 실현 국가는 600만 명의 유대인 학살로 악명 높은 독일의 나치 정권이다. 처음에는 독일 국민 가운데 "히틀러를 포함해서 그 무리가 위험하다"고 생각하고 있었던 사람이 많았다고 한다. 특히 유대인을 박해하거나 살해하는 것에 대해 "인간이 인간에게 어떻게 그렇게 할 수 있는가?"라는 의문을 가진 사람이 많았다고 한다.

그러나 나치 정권은 언론을 장악했고, 자신들의 행위가 다수의 지지를 받고 있다고 언론을 통해 반복 보도하기 시작했다. 그러자 점점 나치 정권을 지지하는 사람들이 많아지고, 유대인 학살과 전쟁에 대해 의문을 가졌던 사람들은 침묵하기 시작했다. 심지어 독일은 종교개혁의 본거지이지만, 대다수 목사도 당시 나치가 자행하고 있던 인류의 죄에 대해 침묵했다.

TV나 SNS에서 '사회적 다수의 의견'이라고 반복 보도가 되면 (사실 대부분은 정확한 통계치가 아님에도 불구하고) 이 의견에 반대하는 사람들의 목소리는 작아진다. TV 시청자들은 처음에는 특정 정보를 접하면서 '좀 이상하다' 또는 '별 관심 없다'라는 정도로 생각한다. 그러나 똑같은 이야기가 채널을 돌릴 때마다 흘러나와서 반복적으로 듣게 되면 인간 심리는 대개 개인적 판단이 흐려지면서 관심이 없었거나 중립적이었던 사람들도 자신도 모르게 미디어에서 반복적으로 전하는 주장에 동조해버리는 현상이 나타난다.

“아, 내 생각이 가벼웠구나. 역시 심각한 문제였구나.”

이런 현상이 사회 속에 연쇄적으로 일어나면서 사회 다수파가 형성되고 시간이 지나면서 그 여론의 덩어리는 눈덩이처럼 점점 커질 수밖에 없다.

••• 미디어에 대한 2가지 궁금증

미디어에 대해 이런 궁금증을 하나 가져보자. 하루에도 홍수처럼 엄청나게 쏟아지고 있는 이 세상의 그 많은 정보 가운데 뉴스로서 가치가 있다고 하는 판단은 누가 하는가? 아마 이 판단은 방송국의 경우, 보도국 사람이나 사회국 PD, 또는 디렉터 내지 기자들일 것이다. 즉 우리가 TV를 통해 접하는 정보는 사실 그 선택과정을 들여다보면 방송국 몇몇 사람들이라고 하는 필터로 통과된 정보에 지나지 않는다. 그러면 당연히 그 내용이나 보도방식에는 그들의 “좋음, 싫음”의 개인적 감정이나 “중요함, 중요하지 않음”의 개인적 판단이 개입될 수밖에 없다. 그리고 영상물을 수집하거나 촬영하는 사람, 그리고 그 내용을 편집하는 사람의 감정이나 생각도 반영될 수밖에 없다.

또 하나의 궁금증을 가져보자. 그렇다면 그들은 뉴스로서 가치가 있다고 판단할 때 주로 어떤 기준을 고려하는가? 이에 대한 답은 갈퉁과 루게 박사의 미디어에 대한 연구[2)]가 도움이 된다. 박사들은 사건이 뉴스로서 보도되기 위해서는 다음 2가지 조건이 필요하다는 사실을 밝혀냈다. 하나는 정보가 자극적이어야 한다. 또 하나는 시청자들의 기대에 부합되는 내용이어야 한다. 이 2가지 조건을 충족시키는 사건일수록 뉴스로서 다루어질 확률이 높았다.

이 주장이 옳다는 사실은 아동학대 사건 보도방식을 보면 납득이 간다. 우리나라 보건복지부에서 내놓은 아동학대 통계치를 보면 매년 친부모에 의한 아동학대 건수는 80%(2020년 기준 82.1%)를 넘는다. 그 외에 계모나 계부에 의한 학대 2.9%, 학교 2.9%, 어린이집 2.1%, 유치원 0.4%, 아동복지시설 2.0%의 발생률이다. 이런 발생률의 차이는 2020년 이전 통계치를 봐도 크게 다르지 않다.

그런데 2014~2019년까지 우리나라의 아동학대 뉴스 보도방식을 분석한 연구[3)]를 보면 학대 행위자와 관련해서 가장 많이 언론에 등장한 사람은 '교사'와 '계모(계부)'이다.

교사에 의한 아동학대 건수는 부모와는 그 발생 빈도가 비교되지 않을 정도로 적다. 게다가 아이의 피해 수준도 비교가 안 될 정도로 차이가 크다(부모에 의한 경우는 아동살해나 중상해 등의 신체적 손상으로 그 피해 정도가 심각한 경우가 많다). 그럼에도 언론에서는 부모보다 교사에 의한 아동학대 사건 보도가 우선적이다. 그리고 부모에 의한 아동학대 사건이라고 할지라도 친부모에 의한 아동학대보다 계모(계부)에 의한 아동학대 사건 보도가 우선이다.

그렇다면 왜 언론은 부모보다 교사에 의한 사건을, 그리고 친부모보다 계모(계부)에 의한 사건에 더 관심이 많은 것일까? 그 이유는 갈퉁과 루게 박사가 말한 것처럼 뉴스로서의 가치 조건을 갖추고 있기 때문이다. 교사에 의한 아동학대 사건은 CCTV 영상물이 존재해서 시청자들의 시선을 유혹하는 자극적인 내용을 보여줄 수 있기 때문인지도 모른다. 계모(계부)에 의한 아동학대 사건은 계모(계부)에 대한 사람들의 암묵적 편견을 정당화시켜주는 사건이어서 시청자들의 관심을 끌 수 있기 때문인지도 모른다. 그런데 언론의 이런 공정하지 못한 보도방식은 사람들을 착각하게 만든다. 다음 세션에서 이에 대해서 이야기해 보자.

••• 학대 사건이 반복 보도됨으로써 나타나는 기이한 현상

인간의 심리는 사건의 경중이나 발생 빈도와 관계없이 특정 사건이 반복적으로 보도되면 마치 그 사건을 자주 발생해버리는 사건으로 인식해버린다. 심지어 가짜 뉴스라고 할지라도 몇 번이나 반복적으로 듣게 되면 사람들은 그 보도를 진짜로 받아들여 버리기도 한다. 인간의 이런 허술한 심리적 현상을 밝혀낸 연구[4)]가 있다. 이 연구를 소개하면 이렇다.

실험 방법은 이렇다. 연구자는 먼저 사람들에게 "대통령 후보 중, 누가 가장 적합하다고 생각하는가?"라고 하는 의견을 물었다. 이후, 연구자는 그들에게 다음과 같은 주장을 10번이나 반복적으로 들려주었다.

"존 스미스가 대통령에 가장 적합한 사람이다."

실험 결과는 매우 흥미로웠다. 처음에는 다른 후보를 지지했던 사람들이 "존 스미스가 대통령에 가장 적합한 사람이다"라는 주장을 10번이나 반복적으로 듣자, 지지 후보가 존 스미스로 바뀌어 버리는 현상이 나타났다. 이들은 마치 10명의 사람에게 이런 이야기를 들은 것처럼 착각하게 되면서 이 주장에 휘말려 버린 것이다.

매년 친부모에 의한 아동학대 발생 건수가 전체 아동학대 건수의 80%나 넘지만, 2014년 계모에 의한 하나의 아동학대 사건이 언론의 집중 조명을 받았다. 그러자 이를 계기로 그해 우리나라 국회는 「아동학대 처벌법」을 만들었다.

2015년 1월에는 인천에서 발생한 어린이집 아동학대 사건(급식 지도 과정에서 교사가 아이를 손으로 때려 넘어뜨림)을 당시 모든 대중 매체들이 서로 경쟁이나 하듯이 연일 영상 제공과 함께 다루었다. 심지어 그것도 부족하여 TV에서 특집 방송까지 해가면서 하나의 사건을 한 달 이상이나 연속 보도했다. 그러자 그해 4월 국회는 모든 어린이집 교실에 CCTV 설치를 의무화하는 법을 만들었다.

"모두 공정하지 못한 언론의 보도방식에 속아 넘어간 인간의 허술한 사고의 산물들이었다."

··· 아동학대 보도의 리터러시

아동학대 보도와 관련하여 미디어를 분석한 연구[5)]는 이렇게 말하고 있다.

"언론은 독자의 관심을 유도하기 위해 언제나 뉴스 제목과 기사 내용이 자극적이다. 그러다 보니 실제 상황에 대한 정확한 인식이 어렵고, 분노와 처벌의 목소리만 높아진다. 이처럼 아동학대 뉴스는 어떤 뉴스보다도 과잉보도가 일반적이다."

인류 역사는 항상 그 시대적 상황에 맞는 능력을 인간에게 끝없이 요구해왔다. 수렵사회 시대는 사냥을 잘하는 능력을, 농경사회 시대는 농사를 잘 짓는 능력을, 산업사회 시대는 기술과 생산 능력을 요구해왔다.

오늘날 정보화 시대는 정보의 생산 능력과 정보를 올바르게 판단하고 효과적으로 활용하는 능력을 요구하고 있다. 미디어 정보를 올바르게 판단하고 잘 활용하는 능력을 '미디어 리터러시(media literacy)'라고 말한다. 이런 능력을 소유한 사람은 미디어에서 제공하는 정보에 쉽게 휘둘리지 않고 나름대로 다양한 관점에서 생각하면서 어떤 일이든 슬기롭게 대처할 수 있다.

아동학대 사건이 터지면 언론은 절대 그 먹잇감을 놓치지 않는다. 갈퉁과 루게 박사가 말하는 뉴스의 가치로서 2가지 조건에 가장 부합하기 때문이다. 아이와의 관계에서 요구되는 불변의 공식은 '사랑과 보호'이다. 그런데 이 불변의 공식을 파괴하는 '학대'라는 행위는 충분히 자극적인 이야기 소재가 될 수 있다. 그리고 학대자에 대한 강력한 처벌의 목소리를 대변해 주기도 하고, 그의 비인간성에 대한 이야기는 시청자들의 기대에 부합하는 내용이기도 하다. 그런데 문제는 언론이 소가 되새김질하듯 몇 번이고 같은 사건을 반복해서 다루면 앞에서 언급하였듯이 사람들에게 '자주' 또는 '다수'라고 하는 심리적 착각 현상을 일으키게 한다.

이런 착각 현상의 함정에 빠지지 않기 위해서는 미디어에서 제공하는 정보를 올바르게 판단하고 활용하는 능력이 우리 각자에게 요구된다. 그 능력을 갖추기 위해서는 언론의 반복 보도가 현혹하는 인간의 허술한 심리적 현상에 대한 경계심, 그리고 미디어가 전하는 정보에는 왜곡, 과장, 틀린 정보 등이 포함될 가능성에 대한 경계심이다.

그리고 또 하나는 '판단'보다 '인식'을 하고자 하는 사고력이 요구된다. '판단'에 익숙한 사람은 "문제 있다, 없다", "옳다, 옳지 않다"라고 하는 흑백논리로 결론을 내버리기 쉽다. 이런 사람은 즉각적인 대응을 할 수 있다는 이점은 있지만, 정확한 분석력이 떨어져 근본적인 문제 해결이 쉽지 않다.

그러나 인식 능력을 갖춘 사람은 즉각적인 판단을 잠시 유보한다. 그리고 "왜"라는 의문을 갖고 나름대로 주체적으로 그 사건이 발생한 이유나 배경에 대해 생각해 보는 시간을 갖는다. 이런 사람은 즉각적인 대응이 쉽지 않다는 단점은 있지만, 사건의 본질에 대한 이해가 가능해서 근본적이고 효과적인 문제 해결책을 찾을 수 있다.

"내가 린제이 교수의 왼쪽 구두가 '내향적이다'라고 말하면 사람들은 모두 그의 구두를 쳐다봅니다. 마치 그 구두가 정말로 내향적이라고 생각하고 있는 것처럼. 구두를 보지 말아 주세요! 나를 봐주세요! 구두가 내향적이라고 이야기한 사람은 나입니다.[6]"

무슨 일이든지 '판단'에 익숙한 사람은 이 이야기를 들으면 "야~, 저 구두가 내향적이구나"라고 신기해하며 그 구두를 바라보는 어처구니없는 행동을 하기 쉽다. 그러나 인식 능력이 있는 사람은 "구두가 내향적이다"라고 말하는 어처구니없는 사람의 입을 바라볼 것이다.

우리에게 인식하는 능력이 있다면 한 개인의 문제를 그 개인이 속한 집단의 문제로 이해하여 그 집단에 대한 마녀사냥과 같은 비지성적인 행동은 하지 않게 된다. 다음 장에서는 이에 대해서 이야기해 보자.

CHAPTER 03

인간의 편의주의적 사고가 낳은 아동학대의 탄생

··· 자신이 믿고 있는 게 사실이다?

『싸이코』, 『할로윈』, 『13일의 금요일』, 『다크나이트』

모두 영화 제목이다. 이들 영화의 공통점은? 모두 정신병을 앓고 있는 사람이 등장한다. 그리고 이들은 모두 영화 속에서 폭력적이고 살인자로 묘사되고 있다. 영화 세계에서는 정신병을 앓고 있는 사람에 대한 이런 스토리 전개는 하나의 공식처럼 되어 있는 것 같다.

이런 공식은 미디어의 보도방식도 마찬가지다. 범죄자에게 정신병력이 있으면, 미디어는 수학 공식처럼 그 병력(病歷)과 사건을 연결 짓는다. 다음은 한 인터넷 뉴스 기사에서 발췌한 내용이다.

> 전국에서 조현병 환자들의 강력 범죄가 잇따라 발생해 시민들의 불안감이 커지고 있다. 지난달 17일 경남 ○○에서 조현병 환자가 흉기를 휘둘러 주민 5명이 사망한 데 이어, 이달 들어서도 조현병 환자들의 범죄행위가 전국에서 속출하고 있다. 9일 새벽 충북 ○○에서는 20대 조현병 환자가 흉기를 휘둘러 경찰관 등 3명이 다쳤다.
>
> 중략
>
> 경북 ○○에서도 지난 8일 오후 10시께 조현병 병력이 있는 B씨가 아버지의 얼굴과 목 등을 흉기로 찔렀다. 아버지는 병원으로 이송돼 치료를 받고 있다. 경찰 조사에서 B씨는 "아버지가 알약이 든 통을 계속 흔들어 시끄럽게 한다"라는 이유로 흉기를 휘두른 것으로 조사됐다. ○○에 사는 주부 최모 씨는 "최근 잇따른 조현병 환자들의 범행을 보면서 내 주변에도 그런 사람들이 있는 건 아닌지 불안감이 커졌다. 정부나 지자체가 적극적으로 조현병 환자 관리에 나서 줬으면 한다."고 말했다.

이 기사들은 시종 '조현병 환자 → 범죄행위'라는 보도방식으로 일관하고 있다. 이런 기사를 접하게 되면 당신은 이런 생각을 할지 모른다. "조현병이란 무서운 정신병이구나. 앞으로 조현병 환자를 조심해야겠다."

그리고 이 기사에는 사건이 일어난 지역이나 날짜, 시간, 피해 정도 등의 다양한 정보도 포함되어 있지만, 우리의 관심은 대개 "조현병 환자가 사건을 일으켰다" 정도일 것이다.

심리학에 "휴리스틱(heuristics) 현상"이라는 용어가 등장한다. "휴리스틱(heuristics)"이란, '심리적으로 손쉬운 전략'이라는 뜻이다. 휴리스틱에는 여러 종류가 있다. 이 가운데 대표적으로 **"이용 가능성 휴리스틱"**이라는 게 있다. "이용 가능성 휴리스틱"이란, 내 주위의 많은 정보 가운데 생각하기 쉬운 정보, 즉 손에 넣기 쉬운 정보만으로 사실을 판단하는 것을 말한다. 행동경제학의 일인자로 잘 알려진 미셸 바데리 박사(남호주 대학 교수)[1]는 "이용 가능성 휴리스틱"이라는 현상을 이런 비유를 들어 설명하고 있다.

"회의 전에 서류를 꼼꼼히 챙겨서 회의장에 들어가야 하는데, 다른 일 때문에 너무 정신이 없고 회의 시간도 급박해서 사무실에 있는 회의 서류 가운데 가장 먼저 눈에 들어오는 서류를 급하게 집어 들고 회의장에 들어가는 것과 같다. 그러면 그동안 시간을 들여서 꼼꼼하게 작성한 서류의 중요한 정보를 활용할 수가 없어 회의 결과는 거의 실패로 끝날 확률이 높다."

앞에서 언급한 조현병 환자의 사건 기사 내용을 다시 머리에 떠올려 보자. 아마 사건이 일어난 지역이나 날짜, 시간, 피해 정도 등의 정보는 당신의 머릿속에 남아 있지 않을 것이다. 아마 기억에 남아 있는 정보는 "조현병 환자가 범죄를 저질렀다" 정도가 아닐까.

그 이유가 무엇일까? 그 이유는 당신의 기억력에 문제가 있는 것이 아니라, "이용 가능성 휴리스틱"이라고 하는 인간 심리의 현상 때문이다. 인간의 뇌는 생존과 적응, 그리고 신속한 대응이라는 원리에 의해 작동되고 있다. 그래서 오늘도 바쁜 일상을 보내고 당신의 뇌는 당신에게 중요하지 않은 정보는 당신에게 동의를 구하지 않고 무시해버리거나 대강 처리해버린다.

그런데 문제는 뇌의 이런 자기편의주의 정보처리 전략은 문제 상황에 신속한 대응을 할 수 있다는 이점은 있지만, 한편으로는 그릇된 고정관념이나 편견과 같은 왜곡된 사고를 잉태시키기도 한다. 인간은 태도나 신념, 의도, 감정 등 뇌가 만든 완성품은 자각(自覺)할 수 있다. 예를 들어, "나는 그 사람이 싫다." "그 사람은 정말 비인격적인 사람이다." 등. 뇌가 만든 이런 작품은 의식할 수 있다.

그런데 이런 작품이 탄생하기까지 뇌가 저지른 실수에 대해서는 의식하지 못한다. 그러다 보니 아무리 거룩한 성직자라고 할지라도, 아무리 객관적인 사고에 익숙한 과학자라고 할지라도,

아무리 논리적이고 본질을 잘 따지는 철학자라고 할지라도 이들도 때로는 사실과 다르게 황당하게 판단하거나 엉뚱한 말을 하기도 한다.

인간의 이런 심리 현상 때문에 예를 들어, 조현병 환자의 사건 보도를 접한 사람은 조현병이라는 말을 들을 때마다 '범죄'를 상상하게 되는 편견을 갖기도 한다. 그러나 조현병 환자의 범죄율에 관한 조사연구[2)3)]는 하나같이 이런 결론을 내리고 있다.

"조현병 환자의 범죄율은 일반인보다 낮다."

2002년도 영화, 『뷰티풀 마인드(beautiful mind)』가 생각난다. 이 영화는 제2의 아인슈타인으로 불리면서 혜성처럼 나타난 20살의 천재, '존 포브스 내쉬 주니어'의 일생을 다룬 실화 영화다. 주인공은 심각한 조현병 환자다. 그는 게임이론(game theory)으로 1994년에 노벨 경제학상을 수상한 자이다. 그러나 그는 그동안 조현병으로 인해 소련(러시아) 스파이가 자신을 미행한다는 생각에 사로잡히는 등 심각한 망상과 환청으로 순탄하지 않은 일생을 보내게 된다.

자~, 만일 당신이 이 영화를 보았다고 가정하자. 그러면 당신은 이렇게 이해할 것인가?

"조현병 환자는 천재다."

아마 당신은 이렇게 이해할 것이다.
"조현병을 앓고 있는 '존 포브스 내쉬 주니어'가 천재다."

올바른 이해다.

··· '그렇지 않은 정보'를 소홀히 하는 인간의 허술한 사고

우리는 모두 머리가 복잡한 일상을 보내고 있다. 어머니들은 자녀 문제로 머리가 아프고, 아버지들은 직장 일 때문에 머리가 복잡하다. 사랑을 속삭이고 있는 연인들의 머릿속에는 오늘도 애인 생각으로 가득하다. 그러다 보니 인간의 뇌는 기억하기 편한 정보를 중심으로 단순처리하는 작업을 시도한다. 즉 앞에서 설명한 "이용 가능성 휴리스틱"이라고 하는 심리 현상을 말한다. 예를 들어 설명해보자.

"○○대학의 ○○교수가 제자의 논문을 표절하여 고발당했다"라고 하는 뉴스를 들었다고 가정해 보자. 아마 당신은 이렇게 생각할지도 모른다. "교수라는 사람들은 공부만 했지, 인격적으로 문제가 있는 사람들이 많아." 여자친구와 데이트를 즐기고 있는 남자는 "어제 TV 뉴스 봤어? 교수가 어떻게 제자 논문을 표절할 수 있어?"라고 하며 자신의 정의감을 애인에게 자랑하고 싶을지도 모른다.

ㅇㅇ중학교에 다니고 있는 ㅇㅇ학생이 비행을 저지른 사건이 보도되면 사람들은 "요즘 청소년들은 무서워."라고 말할지도 모른다. 수업 시간에 ㅇㅇ학생의 수업 태도가 안 좋으면 교수는 학생들에게 이렇게 훈계할지도 모른다. "요즘 대학생들은 공부에 대한 열정이 없어."

위에 언급한 사례들에서 ㅇㅇ에 들어가는 정보는 모두 고유명사다. 모두 특정 한 개인에 관한 정보이다. 그런데 우리의 기억 창고에는 "이용 가능성 휴리스틱" 현상 때문에 ㅇㅇ에 들어가는 정보보다 기억하기 편한 정보, 즉 그 사람의 직업이나 신분, 그리고 행위만 거의 저장된다. 즉 "교수－논문 표절", "청소년－비행", "요즘 대학생－공부에 대한 열정 없음" 정도이다.

그런데 문제는 이 때문에 하나의 사건이 '일반화'라는 착각을 일으키면서 우리의 지성을 흩트려 놓는다. 흩트려진 지성은 한 개인의 문제를 그 개인이 속한 집단의 문제로, 즉 교수의 문제, 청소년의 문제, 그리고 요즘 대학생의 문제라고 보는 것이다. 이런 '일반화의 오류'는 마녀사냥의 시작이 될 수 있다.

그렇다면 흐트러진 지성을 바로잡는 방법은? 그 방법은 **'그렇지 않은 정보'**를 생각하는 지성에 대한 애착을 가지는 것이다. 예를 들어 설명하면 이렇다.

그동안 회사 야근으로 바빴던 김부장은 모처럼 일찍 퇴근하게 되면서 집 가까운 세차장으로 차를 몰았다. 깨끗해진 차를 보니 기분이 좋았다. 그다음 날 아침에도 깔끔해진 차를 보니 기분이 상쾌해지면서 운전대를 잡는 기분도 덩달아 좋았다. 그런데 차를 몰고 가던 중 느닷없이 일기 예보에도 없었던 소나기가 내리치기 시작했다. 차 앞 유리창의 빗물을 연신 닦아내고 있는 와이퍼를 보면서 김부장은 운전대를 꽉 붙잡았다. 그리고 이렇게 중얼거렸다. "왜 하루를 참지 못하고 세차를 해버렸지. 커피값을 날려버렸구나. 오늘 점심은 편의점 김밥으로 해결해야겠다."

이후에도 이런 경험을 한두 번 더 하게 되면서 김부장은 이런 생각을 하게 될지도 모른다. "왜 나는 세차할 때마다 이상하게 비가 오지?" 이렇게 생각하는 김부장에게 인지심리학자들이 하고 싶은 조언이 있다. "김부장님, 세차한 후, 비가 오지 않았던 날을 꼼꼼히 따져보세요."

사실 세차 후 '비가 온 날'과 '비가 오지 않았던 날'을 꼼꼼히 따져보면 비가 오지 않은 날이 훨씬 많았을 것이다. 그런데도 김부장은 왜 "세차할 때마다 비가 온다"고 생각하는 것일까?

그 이유는 인간의 기억 창고의 운영 원리 때문이다. 인간의 기억 창고는 손실 비용이 발생한 사건은 그렇지 않은 사건보다 훨씬 잘 저장해두는 특성이 있다. 이 때문에 손실 비용이 발생한 사건은 시간이 지나도 좀처럼 머릿속에서 사라지지 않는다.

“엘리베이터를 타려고 할 때마다 1, 2초 순간으로 엘리베이터를 놓쳐버린다.”

“시험 문제는 항상 내가 공부하지 않은 데서 나온다.”

“친구와의 약속을 잡을 때마다 항상 다른 일이 생긴다” 등….

정말 그럴까? 이렇게 생각하는 사람에게 인지심리학자의 조언은 이렇다. “꼼꼼하게 따져보면 그렇지 않은 경우가 훨씬 많았을 것입니다.”

그런데도 왜 우리는 이런 인식을 하는 것일까? 아마 굉장히 중요하고 급한 일로 1초라도 빨리 엘리베이터를 타고 내려가야 하는 그 사람은 그날 순간 떠나버린 엘리베이터가 너무 야속하게 생각되었는지도 모른다. 시험공부를 하지 않은 학생은 성적에 대한 불만을 시험 문제로 뒤집어씌워 자기 위안을 받고 싶은 마음이 너무 간절했는지도 모른다. “친구와의 약속을 잡을 때마다 항상 다른 일이 생긴다”라는 징크스를 믿고 있는 사람은 그날 만나려고 했던 친구가 다른 어떤 친구보다 소중했기 때문인지도 모른다.

인간의 마음은 금전적이든 심리적이든 손실 비용이 발생한 사건은 언제나 기억창고에 저장되어서 편견이나 징크스라는 허구 신념을 갖게 만든다. 실제 따지고 보면 “그렇지 않은 경우”

가 훨씬 많았음에도 불구하고.

“어릴 때 엄마의 따끔한 회초리가 나중에 커서 나에게 좋은 약이 되었다.” 이렇게 말하는 사람이 있다. 정말 그럴까? 이것도 착각이다. 나에게 약이 된 것은 엄마의 회초리가 아니라, 평소 나에 대한 믿음을 갖고 바라봐 주었던 엄마의 따뜻함이 있었기 때문일 것이다. 하지만 그날 회초리를 든 어머니의 모습은 평소와는 너무 달라서 평생 잊을 수가 없었던 것이다. 그러다 보니 그때의 사건과 지금 자신의 행복한 모습을 연결해버리는 착각을 하는 것이다.

우리가 믿고 있는 신념은 대부분 자신의 기억 창고에 저장되어 있는 정보의 지배를 받고 있다. 그러다 보니 바이어스(편견)라고 하는 그릇된 신념을 갖게 된다.

••• 일반화의 어리석은 작품

오늘날 왜 어린이집 모든 교사를 잠재적 학대 가능성이 있는 집단으로 낙인찍고 그들의 머리 위에 CCTV를 달아놓고 있는가? 여기에는 타당하고 합리적으로 설명할 수 있는 과학적인 근거가 있는 게 아니라, 2015년 당시 ‘그렇지 않은 정보’, 즉 “대부분의 교사는 학대하지 않는다”라는 정보를 무시하였기 때문이다. 인지심리학자 기로비치[4]는 ‘그렇지 않은 정보’를 소홀히 함으로써 생산되는 인간의 어리석은 작품을 미신(迷信)을 예로 들어서 이렇게 말하고 있다.

"모든 미신은 점성술이든 예지몽이든 맞아떨어지지 않는 경우가 훨씬 많음에도 불구하고 그런 것들은 모두 무시해버리고 우연히 맞아떨어지는 하나의 사건에 야단법석을 떠는 것에 지나지 않는다."

"현교수님, 아이들을 학대하지 않도록 학생들을 잘 교육해 주세요."

학교 교수식당에서 식사하던 중, 맞은편에 앉아서 식사하고 있던 김교수가 느닷없이 나에게 던진 말이다. 순간 밥맛이 떨어졌다.

필자가 이 말을 들은 시기는 2015년 2월이다. 앞에서도 언급하였던 인천의 모 어린이집 아동학대 사건이 TV나 각종 매체에서 연일 보도되었던 시점이다. 당시 우리 사회는 집단 체면에 걸린 듯 모든 교사를 이상한 눈빛으로 바라보기 시작했다. 이로 인해 자신의 직업에 대한 존엄이 바닥으로 떨어지고, 인간적인 모멸감을 견디지 못한 많은 교사들이 아이들 곁을 떠났다.

당시 교사들이 느껴야 했던 인간적 모멸감, 그리고 직업의 존엄과 가치에 대한 부당한 취급은 합리적이고 정당한 이유가 있었던 것이 아니라, 그 실체는 '이용 가능성 휴리스틱' 현상(인간의 편의주의 사고)이 낳은 일반화의 어리석은 작품의 희생양과 같은 것이었다.

PART 3

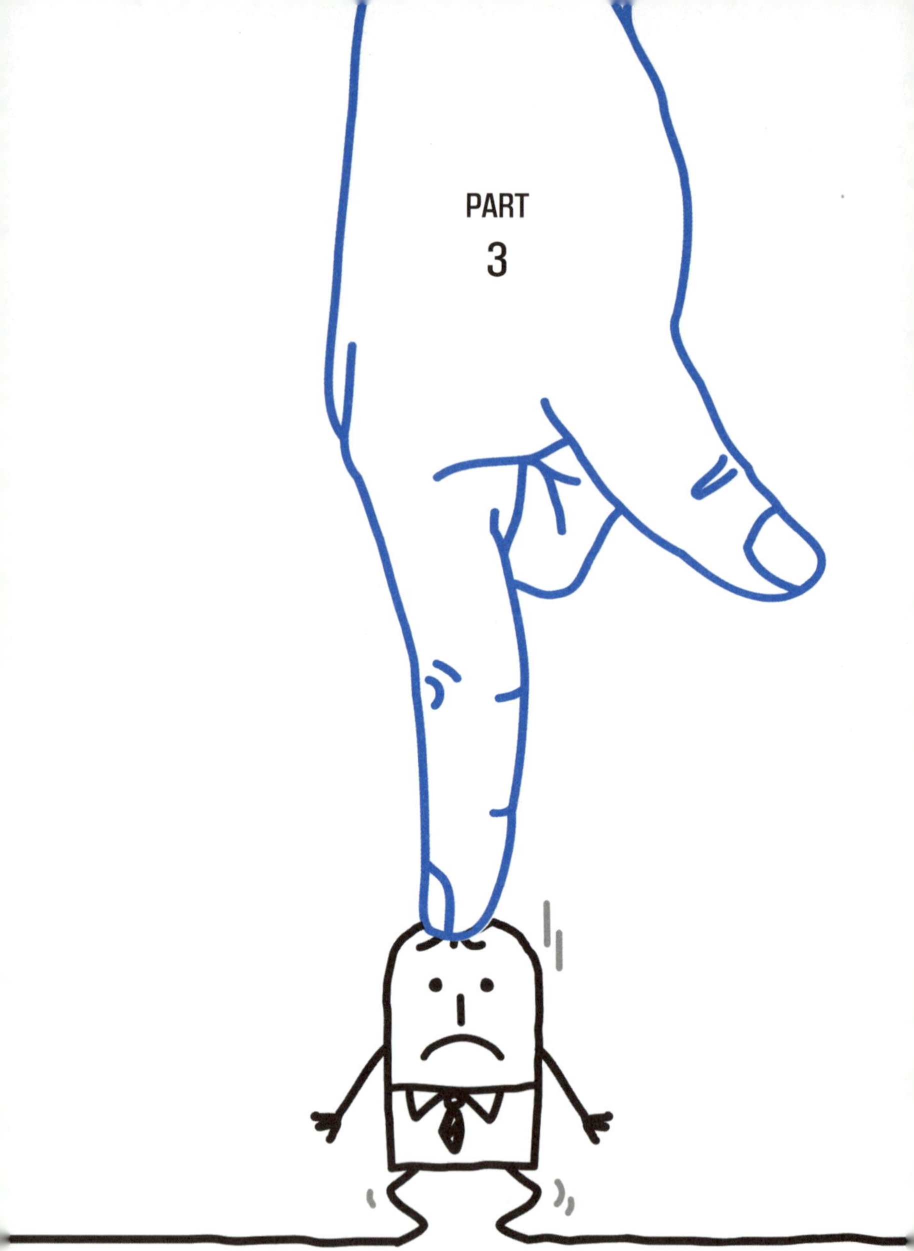

3가지 덫

믿음을 갖고 있으면 그렇게 보인다.

- 인지심리학자 비트만 -

CHAPTER 01

CCTV 영상물의 마술

••• 만능의 약인가, 판도라 상자인가?

CCTV 녹화자료는 만능의 약인가, 아니면 판도라 상자인가?

이 질문은 2006년 『Law & Policy』라는 연구 잡지에 실린 논문 제목이다. CCTV가 아동학대 예방책에 최고의 약인가? 아니면 온갖 불행을 가져다주는 판도라 상자인가? 이에 대한 답을 찾는 데 도움이 되는 연구를 하나 소개하자. 미국 오하이오 대학의 라시터 박사 연구팀[1]은 "녹화 영상이 카메라 앵글의 차이에 따라 전혀 다르게 해석되어 버린다"는 사실을 다음과 같은 연구 방법을 통해 확인하였다.

먼저 두 사람(편의상 A, B)이 대화하는 장면을 영상으로 녹화했다. 녹화할 때 카메라 앵글의 방향은 다음 3가지 방식으로 촬영하였다.

[방식1] – A의 얼굴은 보이지만, B는 뒷모습만 보이게 촬영한다.

[방식2] – B의 얼굴은 보이지만, A는 뒷모습만 보이는 방식이다.

[방식3] – A와 B가 모두 똑같이 옆면이 보이도록 촬영한다.

이 3가지 방식으로 촬영한 비디오를 사람들에게 보여 주고, 누가 더 대화를 주도적으로 이끌어나갔다고 생각하는지를 물어보았다.

결과는?

실제 A와 B의 역할 정도는 같았지만(즉 질문과 반응의 횟수는 둘 다 같음), 촬영 방식1의 녹화 영상을 본 사람들은 A가 대화의 주도권을, 촬영 방식2의 녹화 영상을 본 사람들은 B가 대화의 주도권을 쥐고 있었다고 판단하였다. 즉 A와 B의 역할은 50 대 50이었지만, 촬영 각도에 따라 사람들의 판단은 달랐다. 이 연구 결과는 당시 CCTV 영상물에 대한 신뢰가 높았던 사람들에게는 다소 충격적이었다.

이번에는 법을 집행하는 검사와 판사를 대상으로 똑같은 실험을 해보았다. 그들 역시, 영상의 각도에 따라 판단이 완전히 달랐다. 호주의 사회심리학자 딕크손 박사[2)]는 경찰에서 사용한 비디오 영상물을 수집하여 분석한 결과, 이런 결론을 내렸다.

"판사도 검사도 배심원도 경찰도 모두 똑같은 비디오 영상물을 보았지만, 모두 판단이 달랐다. 비디오 영상물에 관한 판단에는 그릇된 것이 많으며, 고도로 훈련받은 심리학자가 아니고서는 정확한 판단이 어렵다."

영상물의 촬영 각도에 따라 등장인물의 행위가 전혀 다르게 해석된다는 사실은 영상물에 대한 맹목적 신뢰자들에게는 당황스러운 결과일지 모른다. 영상물이 형사재판에서 결정적 증거물로 신뢰할 수 있는가에 관한 연구들[3)]은 하나같이 다음과 같은 경고를 하고 있다.

"법정에서 영상물을 결정적 증거물로 채택하는 것은 옳지 않다."

그래서 일부 나라[4)]는 조사단계나 재판과정에서 영상물 채택에 대해서 다음과 같은 조치를 취하고 있다. 뉴질랜드 경찰은 범죄 혐의자를 조사하는 과정에서 촬영할 때, 정확히 옆면이 보이는 방식으로 하고 있다. 호주의 어떤 법정에서는 검찰 측으로부터 녹화 영상의 재생을 요청받았을 때, 판사는 영상물이 오히려 배심원들의 올바른 판단을 흐리게 할 수 있기에 음성 재생만 허락해주는 방식을 취하고 있다.

••• 영상물의 마술을 두려워하는 자들!

CCTV 영상물의 문제점을 밝혀낸 연구들은 범죄 혐의를 밝혀

내는 결정적 증거물로 녹화 영상물을 채택하는 것에 대해 그 위험성을 하나같이 지적하고 있다. 물론 모든 CCTV 녹화 영상물이 완전히 무의하다는 것은 아니다. 영상물 촬영의 질적 수준에 따라서는 판단의 참고자료로 의미 있게 활용할 수도 있을 것이다.

그러나 음성 정보가 담겨 있지 않고, 상황의 앞뒤 맥락을 따져보기 힘든 CCTV 영상정보는 사람에 따라 그 해석이 다양할 수 있고, 또한 실제와 다르게 느낄 수도 있다. 특히 TV에서 제공하는 CCTV 영상 자료는 요주의다. TV에서 제공하는 영상물은 줌 사용, 중간 자르기, 반복 재생, ○배속 돌리기 등의 편집 가공기법이 보태질 수도 있다.

이 때문에 영상의 편집 방법에 따라서 사건을 자신의 눈으로 직접 목격하였을 때보다 더 심각하게 느끼기도 한다. 만일 선거 때 방송국이 특정 후보를 지원하고자 한다면 상대편 후보의 약점이 드러나는 특정 장면의 언행이나 영상을 줌 사용이나 중간 자르기, 반복 재생 기법, ○배속 돌리기 기법 등을 통해 유권자의 마음을 흔들리게 할 수 있을지도 모른다.

"음이 소거된 상황에서 비치는 CCTV 화면상의 모습은 앞뒤의 맥락을 따져볼 겨를이 없이, 한 장면만 보면서 오해의 소지를 충분히 불러일으킬 수 있어 걱정됩니다."

"낮잠을 자는 아이들을 토닥이는 행위가 화면상으로 때리는 것처럼 보이지는 않을지?"

"아이를 번쩍 안아서 들어 올렸다가 내리는 모습이 학대하는 모습으로 비치지 않을지?"

"밥을 떠먹이는 모습이 억지로 먹이는 모습으로 비치지 않을지?"

"아이에게 뭔가를 건네주는 모습이 이제는 뭔가 밀어 넣는 모습으로 비치지 않을지?"

"어느 한 선생님이 기저귀를 갈다가 아기가 너무 예뻐서 엉덩이를 두드리는 거예요. 얼마나 놀랐는지. 이런 행위도 학대로 오해받을 수 있지는 않은지?"

이 모두, 온갖 불행을 가져다주는 판도라 상자의 장난을 두려워하는 교사들의 이야기이다.

CHAPTER 02

비단벌레식 아동학대 해석과 그 기준의 이중성

••• 비단벌레식 아동학대 해석

아기가 태어나면 사람들은 한마디씩 보탠다.

"너무 귀여워"
"어쩜 이렇게 귀여울 수 있을까!"

그리고 한마디 덧붙인다.
"눈이 엄마 닮았구나, 코는 아빠를 빼다박았구나!"

그런데 재미있는 현상은 그 아이가 양자로 입양된 아이일지라도 그 사실을 모르는 사람은 유전적인 관련성이 전혀 없음에도 불구하고 아기의 얼굴에서 그 양부모와의 닮은 부분을 억지라도 만들어낸다. 이런 억지를 **'비단벌레식 해석'**이라고 한다. 비단벌레의 색깔은 다양해서 어떤 다른 곤충과도 닮은 점을 찾아낼 수 있기 때문이다.

그렇다면 왜 우리는 아기의 얼굴에서 비단벌레식 해석을 하게 되는 걸까? 그 이유는 왜곡된 신념 때문이다. 우리의 의식에는 자녀 얼굴은 부모와 닮았다는 암묵의 전제가 있다. 그러다 보니 이목구비가 아직 불완전한 아기의 얼굴에서 부모와 닮은 얼굴을 최대한 찾아내려고 한다. 자신의 생각이 먼저 있고, 그리고 그 생각을 정당화시켜주는 정보를 찾아 나가는 이런 비단벌레식 해석은 아동학대에 대한 판단 시에도 종종 나타나고 있다.

'자라 보고 놀란 가슴 솥뚜껑 보고 놀란다'라는 속담처럼 오늘날 보육이나 교육현장에서 아동학대 사건이 터지면 과민 반응을 보이는 사람이 있다. 그러다 보니 아이에게 조그만 이상한 모습이라도 보이면 CCTV 열람이나 아이의 이야기를 통해 자신의 의심을 사실로 만들 수 있는 행위를 찾으려고 하는 비지성적 작업이 아무런 도덕적 법률적 제약 없이 행해지는 경우가 발생하기도 한다.

양육이나 교육의 세계는 언제나 불안정해서 시행착오의 연속일 수밖에 없는 세계이다. 그 대상이 항상 예측 가능한 반응을 보여주는 기계나 화학약품이 아니라, 예측이 쉽지 않은 아이들이다. 때문에, 아이와 함께하는 자들은 언제나 혼란스럽고, '지도의 실수나 반응의 착오'라고 하는 숙명으로부터 피할 수 없다. 그러므로 이런 숙명의 산물을 학대 의심으로 몰아가면서 비단벌레식 해석을 하는 것은 과연 온당한가에 대한 의문이 있다.

••• 학대 판단에 대한 법과 임상 장면의 관점

우리는 '폭력'이라는 행위라고 하면 예를 들어, '때리다', '발로 차다', '상처를 입히다' 등 정도를 넘어선 공격적 행위를 머리에 떠올리게 된다. 그러나 법의 세계에서는 예를 들어 '접촉하다', '꼬집는다' 등 가벼운 행위도 폭력이 될 수 있다. 법은 상대방이 그 행위(본인의 승낙 없는 행위)에 대해 '싫다', '무섭다', '아프다' 등, 부정적으로 느끼거나 반응하게 되면 폭력으로 간주하기도 한다.

이런 관점은 '학대'라는 폭력에 대해서도 마찬가지다. 그래서 그 판단에는 가해자의 동기와 피해 아동의 감정, 이 둘의 관계, 학대 행위가 행해진 배경 등에 대한 문제를 따지게 된다. 특히 이런 관점은 가정이나 어린이집(유치원), 학교 등의 장면에서는 매우 중요하다. 왜냐면 이런 곳은 관계성에 의해 성립되는 세계이기 때문이다. 가정재판소 조사관으로 18년간 종사한 일본의 리츠메이칸 대학 범죄 심리학 교수 히로이 박사[1)]는 이렇게 말하고 있다.

"폭력이란, 가해자와 피해자의 관계성 가운데 성립하며, 그 문맥(상황)에 대한 이해가 중요하다. 특히 가정이나 학교 등 친밀성이 높은 현장에서의 학대 등의 폭력 행위에 대해서는 가해자와 피해자의 관계성, 상황 등의 문제에 주목해야 한다."

'학대'라는 행위에 대한 일반적 정의(定義)는 '아이의 정신건강이나 정상적 발달을 현저히 저해하는 행위'를 말한다. 그렇다고 한다면 '학대'라고 하는 행위에 대한 판단 시에는 히로이 박사가 말하는 두 사람의 관계성과 상황에 대한 문맥적 파악은 더없이 중요하다. 왜냐면 이에 따라 아이의 정신건강이나 발달에 해(害)가 되는지, 안 되는지를 판단할 수 있기 때문이다.

만일 당신이 "바보 같아"라는 말을 누군가로부터 들었다고 가정해 보자. 제3자의 입장에서 보면 이 말은 그 사람에 대한 인격 모독으로 해석될 수 있다. 그러나 당신이 그 말을 내뱉은 사람을 어떤 인간으로 인식하고 있는가 하는 문제, 즉 관계성의 관점에서 따지게 되면 이야기는 달라진다. 만일 평소 당신이 좋아하거나 신뢰할 수 있는 사람이 그 말을 했다면 당신은 농담이나 장난 정도로 생각하며 "짓궂은 말 하지 마세요"라고 하며 그냥 웃고 넘길지 모른다. 그러나 평소 당신을 무시하고 매너 없이 대해왔던 사람이 그 말을 했다고 한다면 당신은 상당한 불쾌감을 느끼면서 자신에 대한 인격 모독으로 생각하며 반발할지도 모른다.

이런 설명이 타당하다는 걸 증명해주는 연구 결과[2)]가 있다. 직장 분위기가 좋은 회사에서는 동료나 상사의 거칠고 투박한 언어나 욕설은 오히려 서로의 친근감을 높여주면서 회사의 생산성을 높였다. 그러나 직장 분위기가 좋지 않은 회사에서 그런 언어 사용은 상사의 갑질이나 인권침해라고 이해하고 있었다.

그렇다면 "회사 분위기가 좋다, 안 좋다"라는 이야기는 무엇인가? 그것은 회사 구성원들의 관계성을 의미한다. 상대방의 욕설을 농담 또는 언어적 폭력으로 보는 이 판단은 제3자가 할 수 있는 게 아니라, 두 사람의 관계성의 질이나 상황의 문맥에 따라 달라질 수밖에 없다.

평소 아이와의 좋은 관계를 유지해나가다가 발생하는 교사의 부적절한 지도나 대응은 아이의 기분을 일시적으로 불쾌하게 할지는 모르지만, 아이의 정신건강이나 정상적 발달을 저해하는 위해(危害)적 행동은 아니다. 때문에 이런 경우, '학대'라는 단어 사용은 적절하지 않다. 만일 아이와의 관계성이나 상황에 대한 문맥적 이해 없이 부모나 교사의 부적절한 대응이나 실수 행위 하나하나의 단편적 행위들을 모두 '아동학대'라고 하는 비단벌레식 해석을 해버린다면 이 책을 읽고 있는 당신은 이제 자신의 과거에 대해 이런 고백을 해야 할 것이다.

"나는 어릴 때부터 학대를 받으면서 성장하였습니다."

••• 학대 판단 기준의 이중성

우리 사회에는 아동학대 판단 시 비단벌레식 아동학대 해석의 문제만이 아니라, 그 행위를 누가 했는가에 따라 판단이 달라지는 이중적 기준이 엄연히 존재한다. 예를 들어, 아무리 이야기해도 말을 듣지 않는 아이에게 타임아웃(time out)이라는 벌(일정 시간 활동이나 장소에서 격리하는 벌)을 주었다고 하자. 만일 이 벌의 제공자가 부모라고 한다면 훈육의 개념 정도로 생각하거나 부모의 양육 피로나 과도한 양육의 열정 정도로 이해해주는 너그러움이 있을 것이다.

만일 교사가 이런 벌을 주었다면 어떨까? 사실 이 지도법은 아이의 행동 수정기법의 하나이며, 이론적으로 몇 가지 사항만 유의하면 전혀 문제가 되지 않는다.

그러나 우리 사회는 교사의 이런 지도법에 대해서는 절대 관용적이지 않다. 아동학대 판단 기준의 이중성 문제를 언급한 연구[3]를 보면 부모의 경우는 "아이가 사망하거나 눈으로 확인할 정도로 물리적 힘에 의한 중상해 등의 심각한 피해가 아이에게 발생하지 않고는 아동학대로 처벌할 가능성은 크지 않다."라는 사실을 지적하고 있다.

그렇다면 여기에 의문이 생긴다.

왜 동일한 행위임에도 불구하고 그 행위자가 누구냐(부모 또는 교사)에 따라 판단이 달라지는 이유는 무엇인가? 이 이중적 기준의 배경에는 "부모-아이" 관계와 "교사-아이" 관계를 서로 다른 관점에서 보기 때문이다. 우리 사회는 "부모-자녀 관계"에 대한 인식에 있어 마치 진리처럼 작동하고 있는 요지부동한 하나의 암묵적 전제가 있다. 그것은?

"부모는 아이를 사랑한다."

이런 관계성의 전제로 부모를 바라보기 때문에 자녀에 대한 부모의 부적절한 대응이나 실수를 양육 피로나 과도한 열정 정도로 이해해주는 너그러움이 있다.

그러나 육아의 역사나 모성애에 관한 연구[4)]는 하나같이 "부모는 아이를 사랑한다"라는 전제가 잘못되었음을 지적하고 있다. 가정이라는 곳은 아이에게 행복을 가져다주는 곳이기도 하지만, 일부 아이들에게는 분명히 그렇지 않다. 학대가 가장 많이 발생하는 곳은 가정이며, 가해자는 대부분 부모다. 이러한 현상은 동서고금을 막론하고 하나의 요지부동한 사실이다.

이렇게 보면 우리 사회는 교사의 아이 사랑론은 무시해버리고, 모성애의 아름다움만 찬양하면서 논리적 근거가 희박한 기준으로 차별적 판단을 하고 있지는 않은지.

PART 4

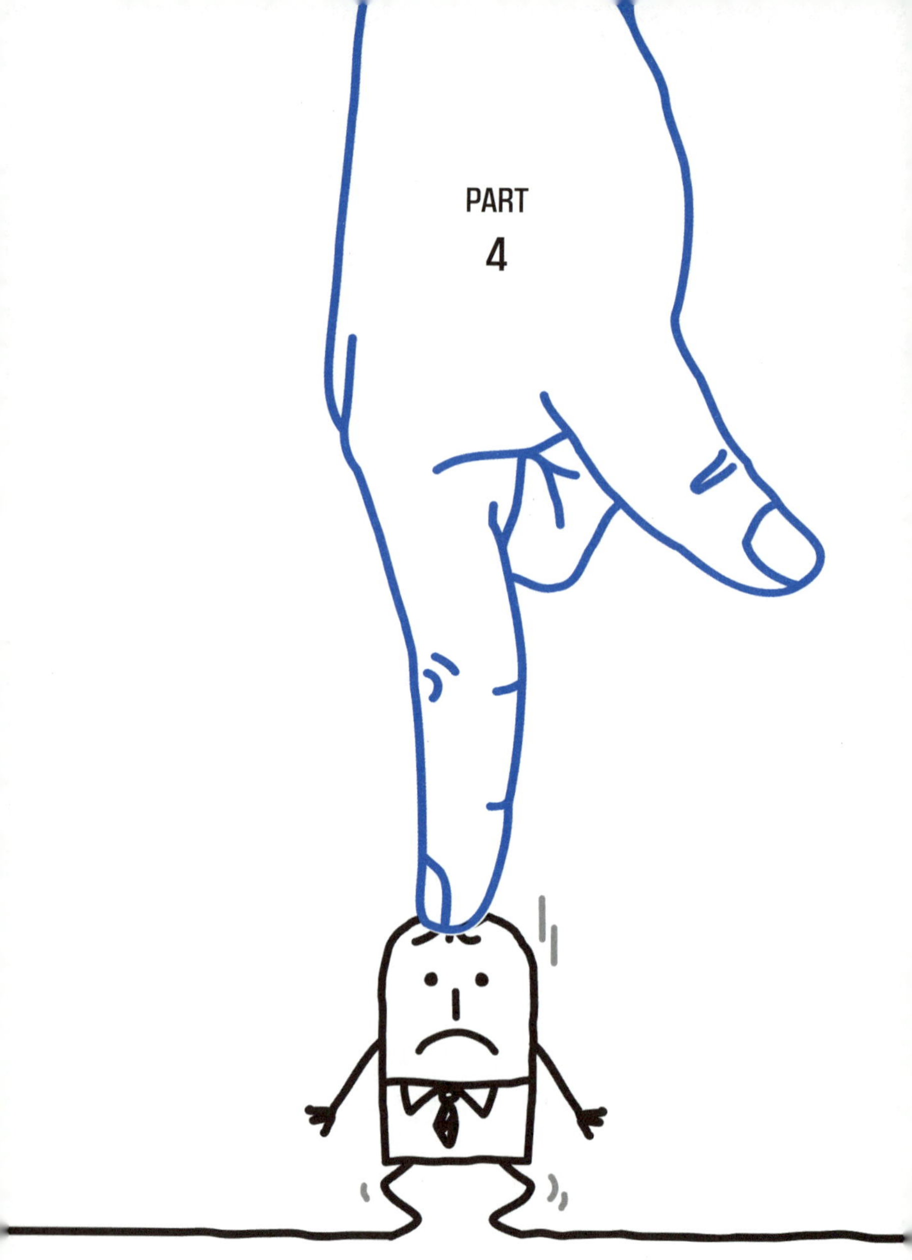

야만의 희생

어떤 문제가 발생하였을 때 그 사회가 법적 도움을 받지 않고 인간관계를 통해서 해결할 수 있는가의 문제는 그 사회의 성숙도를 측정할 수 있는 척도이다.

- 일본 법학자 다카하시 노리오 -

CHAPTER 01

양육과 교육 불안의 희생양

••• 마녀사냥은 왜 일어나는가?

'마녀사냥'이라고 하는 현상은 왜 일어나는 것일까?

'마녀사냥'이라는 말을 들어본 적이 있을 것이다. 이 용어는 죄도 없는 사람을 죄인처럼 취급하는 것을 비유적으로 말하고자 할 때 쓰는 말이다. 13세기 유럽의 교회들은 신과 대립하는 악령(惡靈)의 존재를 공식적으로 인정하면서 악령과의 투쟁을 시작한다. 그러면서 악령과 교통하여 해로운 마력을 가진 자로 의심이 되는 자는 요술사로 분류하여 화형에 처했다. 1480년부터는 이런 식의 재판, 즉 마녀재판이 광신적, 조직적 형태로 이루어진다. 당시 사회의 일반적 기준에서 벗어난 사람, 여론에 따르지 않는 사람, 심지어 이웃과의 교류가 없는 사람들도 요술사로 의심하고 마녀재판에 세웠다.

그렇다면 어떤 사회에서 마녀사냥이 일어나기 쉬운가? 이 궁금증은 문화인류학자들이 알고 싶어 하는 궁금증이기도 하다. 문화

인류학자들은 이런 미신적인 마녀사냥이 빈번히 발생했던 당시 사회를 연구하면서 하나의 흥미로운 공통점을 발견하게 된다.

모두 '불안정한 사회'였다.

사실 당시 사람들은 마녀로 불리는 요술사의 요술을 한 번도 본 적이 없었다고 한다. 모두 "…일 것이다"라고 하는 상상의 산물에 불과했다. 문화인류학자 클루콘 박사의 연구[1)]를 소개하자. 그는 북미 뉴멕시코주에 사는 나봐호 인디언 부족을 대상으로 연구하였다. 이 부족 사람들은 사람들이 많이 모인 곳에는 요술사가 나타나 독약을 뿌려서 사람들을 실신시킨다는 전설을 믿고 있었다. 박사는 실제 실신 경험이 있는 17명을 대상으로 조사해보았다. 이들은 하나같이 요술사의 요술 때문에 실신하였다고 믿고 있었다. 이후 박사는 이들의 생활을 들여다보았다. 그들은 모두 경제적으로 매우 궁핍한 생활을 하고 있다. 그리고 심리적으로도 매우 불안했으며, 그 불안의 정도는 일반 사람(요술사의 요술을 믿지 않는 사람)보다 훨씬 높았다. 박사는 이런 공통점을 발견한 후, 이런 해석을 내놓았다.

"이들이 실신한 이유는 마녀의 독약이 아니라, 사람들로부터 관심이나 동정을 받고 싶은 심리가 작용하였기 때문이다. 그리고 자신의 불행이나 불안을 모두 마녀의 요술로 책임 전가하여 분풀이함으로써 자신의 책임을 피할 수 있다는 심리적 동기도 작용하였을 것이다."

박사가 이렇게 분석하는 데는 이유가 있었다. 그것은 나봐호 인디언 부족이 경제적으로 궁핍하고 그들 사이에 불안 심리의 정도가 높으면 높을수록 자신들이 마녀 요술의 희생자라고 주장하는 사람이 점점 많아지는 현상이 나타났기 때문이다. 이것은 마치 심리학적으로 '보상심리'와 같은 심리 현상이다. 이런 현상은 인류 역사를 훑어보면 그 시대가 불안할 때마다 항상 나타났다.

13~14세기에 걸쳐 중세 유럽은 흑사병(Black Death, 피부가 까맣게 썩어들어가는 병이라고 해서 붙여진 이름)으로 공포에 떨었다. 유럽 인구의 3분의 1이나 사망에 이르게 할 정도로 무서운 전염병이었다. 사람들은 죽음의 공포 속에서 하루하루 보내면서 출구를 찾기 원했다. 그 출구의 방법으로 당시 중세 유럽에 널리 퍼져 있었던 반(反)유대주의적 정서를 이용하였다. 유대인들이 우물이나 샘의 근원에 독을 집어넣었다는 소문을 퍼트린 것이다. 이로 인해 당시 수많은 유대인이 희생되었다. 그리고 그들에 대한 혐오와 폭력을 정당화했다. 당시 유대인에 대한 혐오나 폭력은 정당한 이유가 있었던 게 아니라, 단지 자신들의 불안 심리의 출구를 찾기를 원했고, 유대인들을 그 희생양으로 삼은 것에 불과했다.

1923년 9월 1일, 일본 동경 일원의 관동 지방에 거대지진이 발생하였다. 이로 인한 인명과 재산 피해는 상당했다. 그런데 이때 사람들은 서로를 믿지 못하는 불신이 팽배해지면서 민심과 사회 질서가 매우 혼란스러운 상황에 이르게 된다. 이런 상황이 되자, 일본 정부는 계엄령까지 선포하면서 각 경찰서에 "재난을 틈타 이득을 취하려는 무리가 있다. 주의하라."라는 공문을 내려보내게 된다. 이를 계기로 시민들 사이에는 "조선인이 폭도로 돌변해 우물에 독을 풀고 방화나 약탈하며 일본인을 습격하고 있다"라는 거짓 소문이 나돌기 시작하게 된다. 이 소문의 진위와 관계없이 사람들은 조선인에 대한 강렬한 적개심을 갖게 되면서 자경단을 조직한다. 자경단은 조선인으로 확인되면 가차 없이 살해하는 만행을 저질렀다.

"이처럼 인류 역사를 보면 불안하고 무질서한 시대에는 언제나 그 희생양을 찾았다."

••• 그것은 양육과 교육 불안의 희생양과 같은 것이다

2015년에 발생한 어린이집 아동학대 사건을 계기로 어린이집 교사 전체를 아동학대 가능성이 있는 집단으로 분류하여 교실마다 CCTV를 달아서 감시하는 마녀사냥이 왜 일어났는가? 그 실체는 우리 사회가 아이의 인권을 존중하고 행복권 보장에 대한 의식이 높기 때문이 아니라, 그 어느 때보다 육아나 교육에 대한 자신감이 없고 불안하기 때문이다. 인간은 자신의 약점이 드러나는 것을 몹시 두려워한다. 그래서 타인의 비도덕성에 대한 비판을 통해 자신의 약점을 감출 수 있는 심리 안정 효과를 기대한다.

또한 인간은 자신의 불안을 타인의 힘을 빌려 해소하고 싶어 한다. 이런 인간 심리 현상은 역사적 사건을 통해서 확인할 수 있다. 제1차 세계대전 후 세계 경제가 매우 불투명한 상황에 놓여 있었다. 이때 나치 독일과 파시즘 이탈리아 등의 독재국가가 탄생하게 된다. 전문가들[2)]은 그 배경에는 당시 이들 나라의 국민은 자신의 경제적 불안을 강력한 통치자의 힘을 빌려 해결하고 싶었던 마음이 강했기 때문으로 분석하고 있다.

종교의 세계도 마찬가지다. 종교에서 이런 현상을 연구한 사람[3)]이 있다. 그는 미국 국내의 교회 신자 수를 두 시대로 나눠서 조사를 하였다. 하나는 경제적 번영을 누렸던 1920년, 또 하나는 경제적 대공황에 휩싸였던 1930년대. 그러고 나서 이 시대의 교회를 다음과 같이 두 종류로 나누었다. 하나는 교회 내 지위의 서열이 명확히 구분된 교회(가톨릭 교회, 몰몬교). 또 하나는 교회 내 서열 개념이 희박한 교회(성공회, 장로교파 등). 조사 결과는 매우 흥미로웠다. 경제적으로 안정 시대에는 사람들은 지위의 상하 개념이 거의 없는 교회를 다니다가, 경제적 불황의 시대에는 교회 내 상하 개념이 강한 교회로 옮기는 사례가 증가했다.

인간은 자신의 불안 심리가 강하면 그 문제를 해결해주는 강력한 힘을 찾는다. 이런 심리가 강력하게 작동하는 사회는 마녀사냥이 일어나기 쉽다.

아무리 아동의 인권이나 행복권이 선진화되어 있는 나라라고 할지라도 우리나라만큼이나, 아니 그 이상의 아동학대 사건이 보육이나 교육현장에서 발생하고 있다. 그러나 이들 나라가 CCTV를 달아서 교사를 감시하는 등, 교사에 대한 마녀사냥으로 발전하지 않는 이유는 무엇일까? 그 이유는 이들 나라가 아동의 인권은 중요하지 않으며, 그래서 아동학대라는 것도 그렇게 대수롭지 않은 것으로 생각하기 때문은 아닐 것이다. 어쩌면 우리나라보다 육아나 교육에 대한 불안이 덜하기 때문인지도 모른다.

이렇게 보면 다음과 같이 어렵지 않게 결론을 내릴 수 있는 것 같다.

"우리 사회가 'CCTV 영상물의 마술', '비단벌레식 아동학대 해석', '학대 판단 기준의 이중성'이라는 3가지 덫으로 실체가 없는 아동학대를 탄생시키는 이유의 본질은 우리 사회가 극복하지 못하고 있는 육아나 교육 불안을 해소시켜 주는 희생양과 같은 것을 찾고 있기 때문인지도 모른다."

CHAPTER 02

자유, 사랑, 용기의 몰락

··· 모든 것은 동전의 양면

만일 기후 이상으로 인해 지구상에 초목이 사라지고 먹거리를 구할 수 없을 때, 가장 먼저 생존의 위협을 받는 생명체는? 이에 대한 생명 공학자들의 대답은 이렇다.

"인간이다."

생명 공학적으로 보면 모든 조건에서 우수한 생명체라는 것은 이론적으로 있을 수 없다. 물론 모든 조건에서 열등한 생명체라는 것도 있을 수 없다. 생존에 우수한 조건을 가진 생명체는 그로 인해 열등한 조건을 갖고 살아갈 수밖에 없는 운명을 거부할 수 없다. 그러므로 "하나의 조건이 우수하다"는 이야기는 곧 "다른 조건에서는 열등하다"는 것을 의미한다.

지구상의 모든 생명체 가운데 인간이라는 생명체가 가진 우수한 점은 똑똑한 머리다. 그러나 이 때문에 인간은 어쩔 수 없이 모든 생명체 가운데 가장 큰 약점을 소유할 수밖에 없는 운명을 가진 생명체가 되어버렸다. 그것은 똑똑한 뇌의 운영에 필요한 엄청난 비용의 발생이다. 그래서 인간의 뇌는 체중의 2%밖에 되지 않지만, 몸 전체가 사용하는 에너지의 20~25%나 사용하고 있다. 포유류 가운데 인간만큼 뇌가 체중에 비해 많은 에너지를 소비하는 동물은 없다. 이 때문에 인간은 뇌의 작동에 필요한 엄청난 에너지를 확보하기 위해 매일 체중에 비해 많은 양의 식사를 해야 한다.

만일 지구상에 먹거리가 사라진다면 가장 먼저 생존의 위협을 받는 생명체는? 이제 당신의 대답은 어렵지 않을 것이다. 진화론자의 이야기에 의하면 약 13만 년 전에 출현한 인류의 아종(亞種) 네안데르탈인은 현재의 인간(학명, 호모 사피엔스)보다 뇌가 큰 것으로 알려져 있다. 그러나 당시 계속되는 흉년으로 인해 네안데르탈인은 절멸하고 호모 사피엔스가 살아남았다고 한다.

모든 생명체는 'trade off'의 운명을 피할 수 없다. 'Trade off'란, "거래하다"라는 뜻이다. 거래의 공식은 한쪽의 이익을 얻게 되면 반드시 다른 한쪽의 손해는 감수해야 한다. 세상만사는 반드시 'trade off'의 공식을 적용받고 있다. 어떤 일이든지 급하게 서두르면 일의 완성은 빨리 진행되어 좋지만, 그 일의 완성 뒤에는 반드시 많은 문제가 따를 수밖에 없다. 급하게 얼렁뚱땅 만들어진 그 나라의 법이나 제도는 즉각 시행할 수 있다는 이점은 있지만, 그 이후 백성은 그 얼렁뚱땅 법으로 많은 고통을 감내해야 한다.

그렇다면 'CCTV 영상물의 마술', '비단벌레식 아동학대 해석', '학대 기준의 이중성'의 3가지 덫의 'trade off'는 무엇인가? 그것은 인간의 "자유, 사랑, 용기"의 몰락이다.

••• 자유, 사랑, 용기의 몰락

아이에게 자신의 존엄을 느끼게 해주는 가장 좋은 방법은? 아이에게 사랑하고 있다는 메시지를 전하는 가장 효과적인 방법은? 이 질문에 대한 미국의 발달심리학자 하리스의 대답[1)]은 이렇다.

"아이를 온몸으로 안아 주는 것입니다."

발달심리학을 공부한 사람이라고 한다면 누구나 할로우의 그 유명한 실험, 즉 '새끼원숭이 실험'을 잘 알고 있을 것이다. 새끼원숭이가 엄마에게 애착을 느끼는 이유는 엄마의 젖이 아니라, 엄마와의 신체적 접촉이었다. 고양이, 개, 호랑이 등의 다른 동물의 세계도 마찬가지다. 엄마는 새끼를 핥아주고 안아 주고 마사지도 해주는 등, 피부와의 접촉을 통해 자식에게 사랑의 메시지를 전하고 있다.

인간도 마찬가지다. 선생님이 아이를 온몸으로 안아 주고, 아이는 선생님에게 자신의 온몸을 맡기는 모습은 서로가 서로에게 사랑의 메시지를 전하는 효과적인 방법의 하나이다. 아이는 내 존재를 있는 그대로 존중받고 있다는 쾌감을 느끼는 순간이기도 하다.

안타깝게도 오늘날 우리의 보육이나 교육현장에서는 아이와의 이런 신체적 접촉이 쉽지 않다. 아동학대 해석의 3가지 덫을 두려워하는 자들은 아이들 앞에서 모든 게 조심스럽다.

왜 선생님은 아이와 교실 바닥에 뒹굴며 장난치면서 놀 수 없는가?

하늘로 쏘아 올린 종이비행기가 허공에서 허둥대며 떨어지면 장난기 많은 요정의 마술이라고 착각하며 깔깔 웃어대는 어린아이를 선생님은 왜 온몸으로 안아줄 수 없는가?

이 의문들은 우리를 슬프게 한다. 모두 '학대의 오해'가 낳은 저주를 두려워해서다. 아이와 몸이 하나가 되어 교실 바닥에 뒹굴며 장난치면서 놀 수 있는 **'자유'**도, 아이의 놀라운 상상력에 감동하며 온몸으로 표현해주고 싶은 **'사랑'**도, 아이의 옳지 않은 행동에 대해 과감하게 지도하고 싶은 **'용기'**도 갖기 어려워졌다.

제2차 세계대전이 끝나고 4년 후, 영국의 소설가 조지 오웰[2)] 은 『1984년』이라는 소설을 세상에 내놓았다. 이 책은 전체주의 국가에 의해 분할 통치를 받는 디스토피아(반 유토피아) SF의 대표 작품으로 국가 권력이 절대시 되고 철저한 통제와 감시 시스템이 작동되었을 때 인간이 가질 수 있는 자유, 사랑, 용기가 얼마나 무력해질 수 있는가를 잘 그려내고 있다.

1948년에 발간된 이 책은 당시 저자가 1984년이라고 하는 미래를 생각하며 이때의 세계를 3개의 초강대국에 의해 분할 통치되고 있는 상황으로 묘사하고 있다. 빅블라자로 불리는 독재자가 통치하는 오세아니아에서는 시민들이 사상, 언어, 취업, 연애 등, 모든 생활에 있어 정부에 의해 철저하게 관리, 통제를 받는다. 빅블라자는 시민을 철저하게 복종시키기 위해 다양한 장치들, 예를 들어 24시간 감시하는 텔레스크린(오늘날의 CCTV) 등을 통해 통제해나간다. 게다가 감시카메라는 거리만이 아니라, 모든 집마다 설치되어 있어 시민들의 행동과 말은 당국에 의해 24시간 철저하게 감시받는다. 이 때문에 이들의 사생활은 거의 존재하지 않는다. 오세아니아 시민들은 마치 동물원의 우리에 갇혀 있는 동물처럼 살아간다.

그런데 이보다 더 무서운 이야기는 소설에서 오세아니아 시민들이 철저한 통제와 감시 시스템에 점점 둔감해져 가는 모습이 묘사되고 있다는 점이다. 어느덧 통제와 감시 시스템에 대해 그 누구도 신경을 쓰는 사람이 없다.

당신은 이런 바보 같은 이야기가 어디에 있느냐고 반문할지도 모른다. 그러나 안타깝게도 인간이란 그러한 존재이다. 동물원의 동물은 태어날 때부터 죽을 때까지 우리 안에 갇혀 살아가지만, 그런 생활을 이상하게 생각하지 않는다. 물론 당신은 그건 동물이기 때문이라고 생각할지도 모른다.

하지만 인간도 마찬가지다. 만일 지구가 외계인의 지배를 받으며 감옥과 같은 곳에서 생활하면서 일생을 보낸다고 가정해보자. 이런 생활이 몇 세대에 걸쳐서 이어지게 되면 이런 생활에 대해 위화감을 느끼는 사람은 과연 얼마나 될까? 아마 거의 없을 것이다. 모두 이런 환경에 적응하며 살아갈 것이다.

그렇다면 인간의 경우, 통제와 감시 시스템에 익숙해져 가는 현상이 무서운 이유는 무엇인가? 그것은 인간이 가질 수 있는 "자유, 사랑, 용기"의 포기에 익숙한 모습을 의미하기 때문이다. 작가 조지 오웰은 소설에서 오세아니아 시민들이 통제와 감시 시스템에 익숙해지면서, 이런 생활 가운데 인간의 가장 고귀한 가치인 "자유, 사랑, 용기"를 포기하는 모습을 잘 묘사하고 있다. 작가의 이런 묘사는 인간의 인간성에 대한 예리한 통찰이며, 심리학적으로도 타당하다.

오늘날 보육이나 교육현장에서 통제와 감시 시스템에 익숙한 교사는 『1984년』에 나오는 인간의 모습처럼 "자유, 사랑, 용기"의 희생을 거부감 없이 받아들인다.

이 모습은 분명히 아이들에게는 비극이다.

하지만 우리는 이런 교사를 비난할 자격이 없다. 오히려 이들은 우리 사회의 비단벌레식 아동학대 판단 기준과 감시 시스템, 그리고 그 기준의 이중성에 잘 적응하고 있는 모습이기에 어쩌면 우리 사회가 요구하는 '바람직한 교사'의 모습일지도 모른다.

그러나 그 모습의 실체는 야만의 희생자의 모습일 뿐이다.

CHAPTER 03

분노의 희생양

••• 나쁜 짓을 하면 벌을 주는 이유

나쁜 짓을 하면 벌을 주는 이유는 무엇일까? 법에서는 그 이유를 대개 다음 두 가지 목적이나 기능[1]에서 찾고 있다. 하나는 '응보(應報)'이며, 또 하나는 '억제 효과'이다. '응보'란, 자신의 잘못에 대해 대가를 치르게 하는 것을 말한다. 소위 "눈에는 눈, 이에는 이"라고 하는 고대 함무라비 법정신에 가까운 처벌 방식이다. 즉 죄를 지은 자에게 고통을 주는 것이다.

또 하나의 기능은 억제 효과이다. 벌을 줌으로써 다시는 그런 행동을 하지 않도록 하는 행동 개선의 효과, 즉 재발 방지의 효과를 기대한다. 물론 이 효과는 다른 사람들에게도 암묵의 메시지, 즉 "당신들도 이런 행동을 하면 벌을 받는다"라고 하는 경고의 메시지를 담고 있다. 이렇게 하면 사회 규범이 지켜지고 질서 회복를 기대할 수 있다고 보기 때문이다.

이처럼 처벌에는 '인과응보(因果應報)'와 '재발방지의 효과'의 개념이 강력하게 개입되어 있다. 만일 이런 개념에 대한 기대감

없이 벌을 준다면 그것은 '단순한 폭력'과 다름없다.

그런데 여기서 벌을 주기 위해서는 따져봐야 할 문제가 있다. 하나는 그 행위가 벌을 받을 만한 행동인가에 대한 문제이다. 또 하나는 행위의 책임이 그 사람에게 있는가에 대한 문제이다. 법은 처벌의 구성 요건으로 반드시 '행위'와 '책임'에 대한 문제를 따지게 된다. 왜냐면 그 행위의 내용이 무엇이며, 그 행위의 책임 주체가 누구인가가 명확하지 않으면 처벌이 쉽지 않기 때문이다.

그렇다면 여기에서 '행위'란 무엇인가? 그리고 '책임'이란 무엇인가? 하는 문제가 발생한다. 본 장에서는 '책임'이란 무엇인가에 초점을 맞추어 이야기해 보자.

••• 책임의 조건

책임이라는 개념은 반드시 **'선택의 자유'**라는 개념과 상호 연결되어 있다. 그 행위에 대한 선택의 자유가 없는 자에게는 '행위의 책임'을 물을 수 없기 때문이다. 만일 그 행위에 대한 선택의 자유가 있다면 그 행위를 선택한 자에게는 그 행위에 대한 책임을 물을 수 있다. 예를 들어 설명해 보자.

A는 B에 대한 불만으로 폭행을 했다고 가정해보자. 그러면 폭행이라는 행위의 주체는 A이다. 그런데 A는 얼마든지 다른 방법으로 B에 대한 불만을 표현할 수 있음에도 불구하고 '폭행'이라는 행위를 선택하였다. 그러므로 A는 그 폭행 행위에 대한 책임이 있다고 할 수 있다.

그리고 여기서 당연한 이야기이지만, 행위자에게는 '행위의 결과에 대한 책임'도 반드시 따르게 된다. 그래서 폭행이라는 행위를 선택한 자에게 그 행위에 따른 결과, 예를 들어 부상의 책임도 묻게 된다. "내가 폭행한 것은 맞다. 그러나 폭행에 따른 그 사람의 부상은 내 책임이 아니다."라는 논리는 성립될 수 없다.

그런데 보육이나 교육의 세계에서는 이 당연한 이야기가 당연하지 않기도 한다. 즉 행위에 대한 책임과 행위의 결과에 대한 책임을 구분 짓는 것이다. 예를 들어 이런 경우이다. "아이가 어린이집(유치원 또는 학교)에서 놀다가 다쳤다. 이 사고는 교사의 책임이다."라는 주장이다. 이 경우, 행위의 주체는 아이지만, 행위의 결과(사고)에 대한 책임은 교사에게 묻는 것이다.

본 장에서는 "이 논리가 교육적으로 과연 온당한가"에 대해 따져보자. "아이가 다쳤다. 이것은 교사의 책임이다."라고 주장하는 사람의 논리 배경에는 이런 생각이 있을 것이다 – "교사는 아이에게 안전에 대한 철저한 교육을 하고 아이가 다치지 않도록 아이를 항상 살펴야 한다. 그리고 위험한 상황이 예상되면 적절하게 개입하여 사고를 미연에 방지해야 한다. 교사는 이런 임무를 소홀히 했기 때문에 아이 사고의 책임은 교사에게 있다."

그런데 이 논리는 '교육적 독소'를 품고 있다.

먼저 안전 교육에 대한 문제를 따져보자. 철저한 안전 교육이나 훈련을 통해서 아이의 사고를 예방할 수 있다는 주장은 완전히 난센스다. 이 주장은 마치 교사는 학생들의 성적을 통제할 수 있는 이야기와 다름없다. 교사는 학생들을 열심히 가르치지만, 그 가르침을 학생들의 머리에 집에 넣을 수는 없다. 똑같이 수업을 들었지만, 학생들의 성적이 모두 다른 이유가 무엇인가? 선생님의 가르침을 머리에 집어넣는 것은 학생들 자신이기 때문이다. 서양 속담에 이런 말이 있다.

"말에게 물을 먹이기 위해 우물가로 데리고 갈 수는 있지만, 물을 먹게 할 수는 없다."

보육이나 교육의 세계는 이런 원리가 철저하게 침투해 있다. 선생님은 아이들에게 안전에 대해서 열심히 주의를 주고 가르치지만, 안전한 행동을 하게 할 수는 없다. 그러기에 아이의 행동 결과는 통제할 수 없다.

그리고 여기서 더욱 중요한 것은 보육과 교육은 "아이의 행동결과는 통제할 수 없다"는 인식에서 시작해야 한다. 그렇지 않으면 교사는 아이에게 무서운 존재가 되어버린다. 그 이유에 대해 설명해 보자.

··· 아이의 행동결과는 통제할 수 없다!

보육이나 교육의 세계는 '아이의 행동결과는 통제할 수 없는 세계'이며, 그리고 반드시 그렇게 되어야 한다. 만일 그렇지 않으면 아이들이 위험해진다. 그 이유는 이렇다.

부모나 교사는 **"이렇게 하면 아이에게 도움이 된다"**라는 생각으로 이런저런 가르침이나 지도를 한다.

그런데 부모나 교사의 이런 생각은 가르침으로 끝나지 않고, 가르침에 따른 아이의 행동 변화를 기대한다. 즉 **"내가 이렇게 가르쳤으니, 아이는 이렇게 될 것이다"**라고 하는 기대감이다. 물론 이런 생각이나 기대감은 부모나 교사로서는 극히 자연스러운 것이며, 어쩌면 당연한 것인지도 모른다.

그러나 문제는 그다음이다. 이런 생각이나 기대감에 너무 집착하게 되면 인간의 심리는 **"그래서 아이는 이렇게 되어야 한다"**라고 하는 행동의 결과물을 요구하게 된다. 그러나 아이들은 부모나 교사가 요구하는 결과물을 보여주지 않는 게 많다.

그런데 이걸 받아들이지 못하는 사람, 즉 아이의 행동결과는 통제할 수 있다고 생각하는 사람은 아이를 완전히 자신의 통제하에 두게 된다. 이 모습은 아동 폭력이나 학대의 시작을 의미한다. **"아이의 행동결과는 통제할 수 있다"**라는 부모나 교사의 의식은 아동 폭력이나 학대의 문턱을 넘을 수 있다.

그러므로 보육이나 교육의 세계는 "아이의 행동결과는 통제할 수 없다, 그리고 통제하지 않아도 된다"는 의식에서 출발하는 것이 매우 중요하다.

••• 아이의 마음을 지배하길 원하는가?

또는 이런 논리로 교사에게 아이가 다친 것에 대해 책임을 묻기도 한다–"교사는 아이의 행동을 잘 보고, 그 행동의 결과를 예측할 수 있어야 한다. 그러면 사고는 미연에 방지할 수 있다. 그런데 교사는 행동결과에 대한 예측을 잘못했거나 소홀히 했기 때문에 교사에게 아이 사고의 책임이 있다."

이 논리는 마치 법적으로 '과실범'과 같은 문제로 그 책임을 묻는 경우와 다름없다. 과실이란, 부주의(不注意)를 말한다. 부주의란, 주의해야 하지만 하지 않았다는 것이다. 이 문제로 교사에게 책임을 묻는다면 그 배경에는 이런 논리가 있을 것이다.

"교사는 아이의 행동을 보고 어떤 결과가 발생할 수 있다는 사실을 예측 가능해야 한다. 그러면 교사에게는 아이의 행동결과를 예측해야 하는 의무(즉 결과예측의무)가 발생한다. 그런데 교사는 이 예측 의무를 소홀히 해서 사고가 났기 때문에 아이의 행동결과에 대한 책임은 교사에게 있다."

행동의 결과(사고)를 발생시키는 그 행동이 예측 가능하다면 예측해야만 하는 의무가 발생한다. 맞는 말이다. 그런데 문제는 보육이나 교육의 세계에서 이런 예측이 가능한가 하는 문제가 있다. 아이라는 존재는 어떤 의지도 갖고 있지 않은 무력한 존재이며, 그 마음은 교사에 의해 완전히 지배받고 있는 존재라고 가정한다면 이 논리는 성립된다.

하지만, 아이의 의지는 당신만큼이나 강하며, 또한 개성적이다. 이런 존재인 아이를 어떤 의지도 없는 무력한 존재로 만들어 그 마음을 완전히 지배하지 않는 한 아이 행동 예측은 불가능하다. 만일 우리 사회가 주의 소홀의 문제로 교사에게 아이가 다친 것에 대해 책임을 묻는다면, 그것은 아이의 마음과 행동에 대한 완전한 지배를 소홀히 한 책임에 지나지 않는다.

··· 또 하나의 논리

또 하나의 논리로 아이의 사고를 교사에게 책임을 묻는 경우가 있다. 그것은 교사는 '그렇게 할 수도 있었지만, 그렇게 하지 않았다'는 임무 소홀의 문제이다. 앞에서 언급했듯이 책임에는 반드시 '선택의 자유'라는 개념이 개입되어 있다. 예를 들어 이런 경우이다. 교사는 "아이를 다치게 한 친구와의 상호작용이나 놀이를 허용하지 않는 지도"를 선택해야 함에도 불구하고 놀이를 허용함으로써 아이가 다쳤다. 때문에 이 경우라고 한다면 아이의 사고에 따른 책임이 교사에게 있다는 논리가 성립된다.

그런데 이런 논리에는 "교사가 아이에게 친구와의 상호작용이나 놀이를 허용하지 않는 지도"라는 행위의 선택이 가능한가 하는 문제가 발생한다. 당신도 알다시피 "친구와의 상호작용이나 놀이를 허용하지 않는 지도"라는 행위는 교사에게는 선택의 자유가 없다. 반드시 아이에게 친구와의 상호작용이나 놀이를 허용해야 하는 책임이 있을 뿐이다. 따라서 아이의 놀이나 친구와의 상호작용을 허용함으로써 나타난 결과에 대한 책임을 교사에게 묻는 것은 타당하지 않다.

'사고'라는 문제는 당신도 알다시피 아무리 조심하지만, 일정 부분 인간이 극복할 수 없는 불가항력의 문제이다. 그런데도 인간의 이런 불가항력의 문제에 대해 그 책임을 타인(교사)에게 묻는다면 그것은 대중의 분노를 식혀줄 희생양 찾기에 지나지 않는 응징에 불과하다. 이런 응징은 단순한 폭력과 다름없다.

··· 희생양 찾기

오늘날 보육이나 교육현장에서는 아이의 사고만이 아니라, 아이에 대한 지도나 상호작용 가운데 발생하는 교사의 실수나 부적절한 대응에 대해서 교사에게 그 책임을 묻기도 한다. 물론 이 경우는 행위의 주체가 교사이기 때문에 그 행위에 따른 결과도 교사에게 책임이 있다.

그런데 그 책임을 '아동학대'라는 개념의 범주에 집어넣어서 생각하는 게 온당한가에 대해 생각해 보자(우리 사회는 종종 '학대'라는 단어를 사용하여 그 책임을 묻기도 한다).

법에서는 그 사람에게 벌을 주기 위해서는 그 행위에 대한 의사(意思)의 문제[2])를 따지게 된다. 여기에는 '일부러'가 있고, '어쩌다'가 있다. 전자는 '고의(故意)적 행위' 즉 의지가 적극적으로 개입되어 있다고 보고 있다. 후자는 '실수 행위'라고 본다. 한 예로, 고급 레스토랑에서 손님이 식사하던 중, 요리에 대한 불만으로 고가의 접시를 의도적으로 바닥에 던져 깨뜨린 행위를 가정해 보자. 이 행위는 분명히 '일부러'이다. 법에서는 이 사람에게 '기물파손죄'라는 죄를 물을 수 있다. 그러나 만일 손님이 접시를 들고 요리를 먹던 중, 실수로 손에서 접시가 벗어나는 바람에 바닥에 떨어져 깨어졌다면 이 손님의 행위는 '어쩌다'이다. '어쩌다'라는 행위에 대해서는 '기물파손죄'라는 죄는 묻기 어려울 것이다.

그런데 법에서는 '어쩌다'의 행위에 대해서도 '미필적 고의'라는 말을 사용하여 그 사람에게 그 행위에 대한 책임을 묻기도 한다. '미필적 고의'란, 자신의 행위에 따른 어떤 결과를 의도하지는 않았지만, 그 결과를 충분히 예상할 수 있음에도 불구하고 "어쩔 수 없다", "상관없다" 등의 심리 상태를 말한다.

그런데 보육이나 교육의 세계에는 교사의 실수나 일시적 부적절한 대응에 대해 법에서 말하는 '미필적 고의'라는 개념의 적용이 가능한가 하는 문제가 있다. 앞에서 언급하였듯이 보육이나 교육의 세계에서 아이의 행동결과는 예상할 수 없다. 그리고 교사의 마음에 "아이에게 해(害)가 되도 어쩔 수 없다", "상관없다" 등의 심리 상태를 가정하기도 어렵다.

가해자로서 책임을 느낀다는 것은? 그것은 스스로 느끼는 마음을 말한다. 영어로 '책임'이라는 단어는 'responsibility'이다. 이 단어는 'response(응답)'라는 단어에서 나온 말이다. 그러니까 이 단어가 의미하는 것은 가해자로서의 책임이란, 스스로 초래한 피해와 피해자에 대해 자신이 응답하는 것을 의미한다.

여기서 필자가 던지고 싶은 질문이 있다.

여기에 그 사람의 응답이 있는가?

이 질문에 대해 일본의 법학자 오사카 박사의 다음 이야기는 그 답을 찾는 데 도움이 되는 것 같다.

"누군가의 행위에 의해 사회질서가 파괴되면 사람들은 분노 등 감정적 반응이 나타난다. 그러면 이것을 진정시키기 위한 필요성이 발생하게 된다. 좀 더 구체적으로 말하면 대중의 격한 감정적 동요를 억제시키기 위해 범죄 행위를 특정의 개인에게 귀속시켜 그 사람에게 범죄의 책임을 떠넘겨서 '희생양(scapegoat)'으로 처벌하는 것이다."

여기에 법은 '의지'의 개념을 폭넓게 해석하여 그 행위자에게 책임을 부과하는 것이다. 즉 "이 행위는 당신의 의지로 했기 때문에, 또는 결과 예상이 충분히 가능함에도 불구하고 어쩔 수 없다는 마음으로 행했기에 당신의 책임이다"라는 논리다.

이처럼 법은 응답해야 할 사람이 응답하지 않기 때문에 어쩔 수 없이 의지의 개념을 사용하여 책임을 그 사람에게 묻는 것이다.[3)] 이런 책임의 개념은 '추락한 책임 개념'에 불과하다.

물론 '행위 그 자체를 없었다'고 하는 것은 불가능하다. 그리고 일반적으로 형법은 피고인의 행위에 초점을 맞추어 유무죄를 판단한다. 즉 가해자의 전체적 인간상, 타인과의 관계, 이에 따른 감정이나 의미 부여 등은 소홀히 되거나 고려하지 않는다. 마치 사법의 상징이라고 할 수 있는 '정의의 여신 테미스의 눈가리개'처럼 형사 재판에서는 그 사람의 있는 그대로 보고 그 행위자의 전체적 인간상을 시야에 넣지 않는다. 그러면서 범죄를 상징하는 대상(가해자)이 선택되고, 그리고 이 상징 파기의 의식, 즉 법 집행을 통해 공동체의 질서가 회복된다고 보는 것이다.

이런 주장은 뇌신경학이나 사회심리학의 관점에서 따져보면 더더욱 타당하다(본서에서는 지면상 이 설명에 대한 부분은 생략하자). 사건의 원인의 원인을 따져보면 사실 그 행위자에게 그 책임을 전적으로 묻는 게 쉽지 않다. 특히 관계성의 문제가 농도 짙게 스며있는 보육이나 교육의 세계는 더더욱 그렇다.

이렇게 보면 이런 이야기가 가능하다. 오늘날 비단벌레식 아동학대 해석이나 학대 기준의 이중성으로 아동학대 행위라고 판단하여 처벌하는 이유의 숨겨진 실체는 우리 사회의 교육이나 육아 스트레스의 희생양을 찾아서 대중의 분노를 진정시키는 수단으로 이용하는 의식 이외에 어떤 의미도 없는 것은 아닌지….

처벌의 목적은 본 장의 문두에서 언급하였듯이, 응징과 재발 방지의 효과를 기대한다. 그런데 이런 효과에 대한 기대감 없이 대중의 감정을 진정시키기 위한 수단으로 희생양 찾기에 머문다면 법 집행은 단순한 폭력과 다름없다.

이 과정에서 법은 억지로 '책임'이라고 하는 요소를 동원한다. 책임의 실체는 실제로는 허구[4)]이지만, 이 사실을 우리 사회는 숨기고 있다. 하지만 이 허구는 제거하기는 어렵다. 그 이유는 그 허구를 우리 사회 구성원들이 동의하고 있기 때문이다. 이 허구의 실체를 조금이라도 인정한다면 다음 이야기에 귀 기울이게 되는 것 같다.

"어떤 문제가 발생하였을 때 그 사회가 법적 도움을 받지 않고 인간관계를 통해서 해결할 수 있는가의 문제는 그 사회의 성숙도를 측정할 수 있는 척도이다."

PART 5

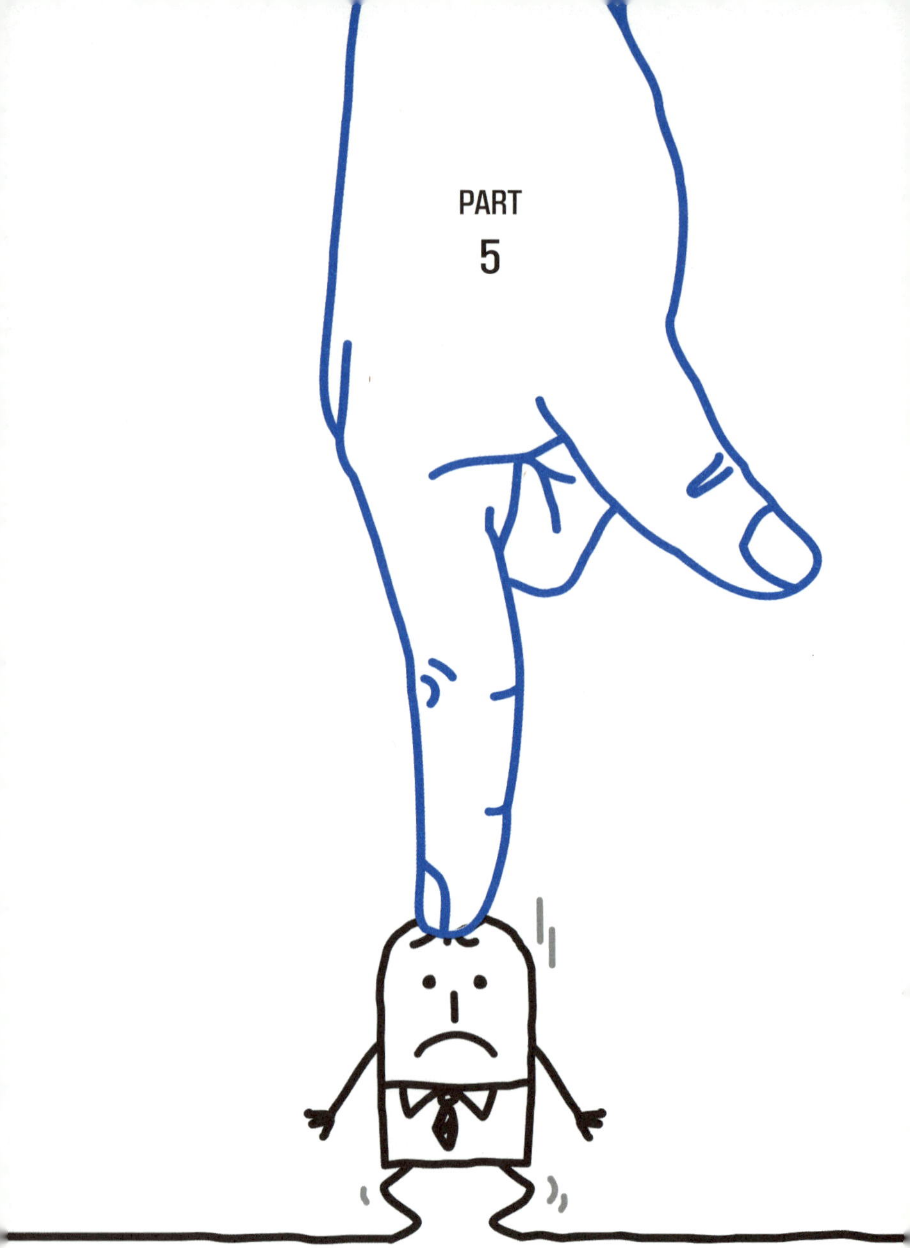

과연 도움이 되는 방법인가?

상대방의 신발로 1마일을 걸어보면
비로소 그 사람을 알 수 있다.

- 서양 속담 -

CHAPTER 01

아동학대 예방 교육은 학대 방지에 도움이 되는가?

••• '교육'이라는 환상

만일 모 식품회사가 유통 기한이 넘은 식품을 팔았다고 가정하자. 그 회사의 경영자에게 법적 책임을 묻고, 그 회사 제품에 대한 불매 운동을 시작하자. 그리고 모든 식품 회사 경영자와 직원들에게 도덕심을 갖도록 교육하자.

직장 내 장애인에 대한 편견과 차별을 없애기 위해 모든 직장인에게 장애인 이해 및 인권 존중 교육을 하자. 학교 내 집단 괴롭힘이 발생하지 않도록 교육과정에 집단 괴롭힘 예방 교육을 집어넣자. 아동 학대자의 대다수는 부모이기 때문에 아동학대 예방 교육을 부모들에게는 법적으로 의무화하는 제도를 만들자.

이렇게 하면 우리 사회의 문제가 해결될까? 아니며 완전한 해결은 어려울지라도 지금보다는 줄어들까? 만일 이런 방법으로 사회 문제가 해결된다면 아마 우리 사회는 벌써 낙원이 되었을 것이다.

"인간의 마음은 교육으로 바뀔 수 있다"라는 신념은 환상에 지나지 않는다. 세계 어느 나라의 교육역사를 보더라도 이러한 사실은 명백하다. 20세기에 들어서서 국민을 대상으로 정신 교육에 가장 열정을 쏟은 나라는 대표적으로 소련(지금의 러시아)과 중국이다.[1] 이들 국가는 마르크스의 기본적 사회주의 사상에 근거하여 인간의 이기심은 자본주의라고 하는 사회적 구조가 초래한 것이어서 인간의 마음속에 있는 나쁜 이기심을 제거하여 사회주의가 도래하도록 해야 한다고 세뇌 교육을 하였다. 하지만 인간의 마음에서 이기심은 사라지지 않았고, 이런 노력은 모두 실패로 끝나버렸다.

또한, 이들 나라는 옛날에 한때 모든 기업이나 농업을 국유화하였다. 이렇게 하면 모든 국민이 공무원이 되는 셈이다. 이런 상황에 놓이게 되면 인간은 일하려고 하는 의지가 약화할 수밖에 없다. 열심히 일한다고 해서 월급이 오르거나 게으름을 피운다고 해서 해고당하는 일은 없기 때문이다. 국가가 자신의 생계를 책임져주기 때문에 오히려 열심히 일하는 게 손해다.

실제 이런 문제가 발생하자, 이들 국가는 정신 교육을 통해 국민의 이런 행동을 교정하고자 하였다. 심지어 일을 제대로 하지 않는 자에게는 '강제 수용소에 보내겠다'라고 협박까지 하면서 국민을 근면과 봉사 정신으로 무장시켜보려고 했다. 그러나 이런 노력은 모두 실패로 끝났다. 이미 주지의 사실대로 소련이라는 나라는 붕괴하였고, 중국은 자본주의 경제원리를 도입한 개혁개방정책으로 전환하였다.

우리나라 기독교인의 자살률은 비기독교인에 비하면 절대 낮지 않다. 생명은 하나님이 창조하였기에 자살 행위는 죄가 되며 천국 문을 닫아버리는 신앙적 타락행위임을 설교를 통해 수없이 들었지만, 기독교인의 자살률은 만만찮다. 오히려 기독교인의 자살률은 율법적으로 자살 행위에 대한 엄격한 규제가 없는 유대교인들보다 더 높은 것으로 알려져 있다. 일본 국립정신신경의료센터의 마쓰모토 박사[2)]는 알코올이나 약물중독환자들을 오랫동안 치료하면서 그들에 대한 교육이 얼마나 무의미한지를 환자의 이야기를 빌려서 이렇게 전하고 있다.

"약물복용이 얼마나 참혹한 결과를 가져다주는지에 대한 이야기는 이제 됐습니다. 그런 것은 우리가 더 잘 알고 있습니다."

••• 왜 인간의 마음은 교육으로는 바뀌지 않는가?

물론 모든 교육이 별로 효과가 없다는 것은 아니다. 지식이 필요한 학문이거나 기능적인 것을 배워야 하는 학문은 교육이 필요하다. 예를 들어 수학을 배우거나 영어를 배우거나 피아노를 배우거나 컴퓨터를 배우거나 요리를 배우거나 하는 등, 지식적이고 기능적인 능력이 요구되는 학습은 교육이 필요하다. 이런 교육은 문화적 생활을 하는 데 필요하기도 하다. 그러나 '마음의 교육'은 그 효과를 기대하기 어렵다.

그렇다면 왜 인간의 마음은 교육으로는 변화하기 어려운가? 만일 인간의 마음은 태어날 때 백지와 같아서 이후 교육으로 얼마든지 똑똑하고 착한 마음으로 만들 수 있다고 한다면 교육이라는 방법은 훌륭하다. 이런 믿음을 소위 "타불라 라사(tabula rasa)"의 신화에 대한 믿음이라고 일컫는 학자가 있다. '타불라 라사'라는 용어는 라틴어로 '깨끗한 석판'이라는 뜻이다. '아무것도 쓰여 있지 않은 종이' 즉 백지(白紙)라는 의미이다. 인간의 마음은 아리스토텔레스 때부터 17세기의 존 로크의 경험론에 이르기까지 철학적 사상 가운데 인간의 본성은 마치 아무것도 쓰여 있지 않은 석판과 같으며, 탄생 후 각종 경험으로부터 서서히 마음과 지성이 생긴다는 믿음이 있었다.

그러나 20세기 사회과학의 최대 실수의 하나는 '타불라 라사'의 신화에 대한 믿음이다. 만일, 이 믿음이 신화가 아니라, 사실이라고 한다면 교육의 세계는 이런 주장이 가능해진다.

"태어난 지 얼마 되지 않는 아기의 마음은 아무것도 쓰여 있지 않은 화이트보드와 같아서 아이에게 적절한 교육만 한다면 얼마든지 똑똑한 인간으로 키울 수 있다."

이 주장은 마치 이런 이야기와도 같다. “아기의 뇌는 마치 초기화된 컴퓨터와 같아서 여기에 부모가 원하는 양육 프로그램을 집어넣으면 부모가 원하는 아이로 키울 수 있다.”

그러나 부모들은 이 주장에 동의하기란 쉽지 않을 것이다. 아무리 교육 투자를 해도 자녀 성적은 오르지 않고, 아무리 타일러도 말을 듣지 않는 자식의 모습에 오늘도 속이 상한 부모가 적지 않다.

··· 학대 예방 교육의 무력함

2014년 일본 나가사키현(長崎県)의 어느 한 시(市)에서 여고생이 동급생을 살해하는 사건이 발생했다. 그런데 나가사키현의 많은 학교가 이미 10년 전부터 학생들에게 ‘생명의 소중함’을 일깨워주기 위해 ‘생명 교육’이라는 주제로 교육에 열정을 쏟고 있었던 터라 이 사건에 대한 충격이 더 컸다.

이 도시가 10년 전부터 ‘생명 교육’을 강조하게 된 이유가 있었다. 당시 6학년 초등학생이 동급생을 살해하는 끔찍한 사건이 발생했기 때문이었다. 이 사건을 계기로 학교들은 학생들에게 머리가 아니라, 마음으로 생명의 소중함을 느끼게 하려고 다양한 교육을 실시하였다. 불치병에 걸린 환자의 이야기를 듣는 시간을 갖기도 하고, 동식물을 보살피는 경험을 통해 작은 생명일지라도 그 소중함 깨닫게 하고자 노력하였다. 그러나 이런 부단한 노력에도 불구하고 그로부터 10년이 지난 2014년에 다시 유사 사건이 발생한 것이다.

아동학대 예방책에 있어 대표적인 선진국은 미국[3)]이라고 할 수 있다. 미국은 세계 어느 나라보다도 일찍이 아동학대 문제에 눈을 뜨고 교육 및 예방 시스템 등 다양한 대책을 세운 나라이다. 중앙정부만이 아니라, 각 주(州)에서도 법령을 만들어 아동학대 예방 시스템을 구축했다. 민간단체도 이 문제에 뛰어들었다. 게다가 미국은 아동학대와 관련된 연구 면에서도 그 어떤 나라보다 활발하여, 학대 예방 프로그램을 개발하는 등 구체적인 해결 모델을 제시하기도 하였다.

그리고 일찍이 1974년에는 「아동학대 예방 및 대응에 관한 법령(Child Abuse Prevention and Treatment Act)」을 제정하였다. 이후에도 몇 번이나 이 법령을 개정하면서 체계적으로 다양한 학대 방지 시스템을 구축하여 현재에 이르고 있다. 이 법령은 아동학대를 어떻게 예방할 것인가에 대한 내용만이 아니라, 어떻게 하면 학대를 신속하게 적발할 것인가에 관한 내용도 담고 있다.

이처럼 미국은 그 어떤 나라보다도 선구적이면서 적극적으로 이 문제를 풀어나간 나라이다. 그렇다면 이런 일련의 노력에 따른 성과는? 안타깝게도 이런 끈질긴 노력에도 불구하고 이렇다 할만한 성과를 거두지 못했다. 미국의 아동학대 사건 발생률은 가히 세계적이다.

미국의 아동학대 발생 건수(2021년 기준)[4]을 들여다보면 588,229명(아동 1,000명당 8.1명)이며, 학대로 인한 사망 아동수는 무려 1,820명이나 된다. 이 숫자는 인구 비율로 계산하더라도 가히 세계적이다.

••• 교육자의 자기만족

아동학대 예방 교육에서 교육생들에게 이렇게 이야기해 보자.

"아이라는 존재는 어른이 마음대로 할 수 있는 종속물이 아닙니다. 그들을 독립된 인격체로 존중해야 합니다. 어른과의 차이를 인정해야 하며, 항상 존중의 언어를 사용해야 합니다. 아이들도 인권이 있으며, 보호받을 권리가 있습니다."

그리고 이어서 교육생들에게 이렇게 경고해 보자.

"아이에 대한 이런 행위(구체적인 예를 들어가며)는 학대에 해당합니다. 만일 이런 행위를 하게 되면 아동복지법에 따라 엄하게 처벌을 받게 됩니다."

그러면 교육생들은 아마 이렇게 대답할 것이다.

"아, 그렇습니까? 잘 알겠습니다. 조심해야겠군요."

아이의 권리와 인권이 중요하지 않기 때문에 아동학대를 해도 된다고 생각하는 사람이 과연 얼마나 될까? 이 사실을 안다면 아동학대 예방 교육은 교육자의 자기만족 이외에 얻을 게 없는 것 같다.

CHAPTER 02

감시 시스템은 인간행동 통제의 효과적인 수단인가?

••• 행동경제학의 이야기

기업의 최고경영자(CEO)에게 이런 질문을 해보자. "회사 내의 부정이나 지나친 경비 지출, 그리고 직원들의 태업을 줄이는 효과적인 방법으로 무엇이 있을까요?" 아마 그들은 이렇게 대답할지 모른다. "이런 행위자에 대해 엄하게 징계하고, 앞으로 철저하게 감시를 하면 된다."

정치가들에게 이런 질문을 해보자. "우리 사회의 범죄를 줄이고, 행정의 부패를 없애기 위해 어떻게 하면 될까요?" 아마 그들은 이렇게 대답할지 모른다. "범법자들에게 더욱 강력하게 처벌하는 법을 만들고, 행정의 투명성을 높이기 위한 제도를 만들면 된다."

그러나 이와 관련된 연구[1)]는 하나같이 이런 결론을 내리고 있다.

"효과 없다."

그렇다면 우리의 상식과 다른 이유는 뭘까? 그 이유에 대한 설명을 듣고자 한다면 "행동경제학"의 이야기에 주목할 필요가 있다. '행동경제학'이란, 경제학과 심리학의 융합 학문이다. 행동경제학은 앞에서 언급한 질문들에 대한 관심이 많은 학문이다. 본 장의 주제인 "감시 시스템은 아동학대 예방에 도움이 되는가?"에 대한 답을 찾아 나가는 데도 행동경제학의 이야기는 도움이 된다.

우리나라는 아동학대 예방을 위한 감시 시스템으로 2015년부터 어린이집 교실에 CCTV를 설치 운영하고 있다. 이에 대해 당시 원장이나 교사들이 사생활 비밀의 자유를 침해한다며 헌법소원을 냈다. 그러나 헌법재판소는 재판관 전원일치의견으로 다음과 같은 이유로 합헌 결정을 내렸다.

"CCTV 의무설치는 어린이집 안전사고와 보육교사 등에 의한 아동학대를 방지하기 위한 것으로, 그 자체만으로도 안전사고 예방이나 아동학대 방지 효과가 있어 입법목적이 정당하고 그 적합성이 인정된다."

정말 그럴까?

정말 헌법재판소 재판관들의 의견처럼 CCTV는 아동학대 방지 효과가 있을까? 이에 대해 한번 따져보자.

먼저 행동경제학자가 당신에게 드리는 질문이다.

첫 번째 질문이다.

"A라는 사람은 자신이 나쁜 마음만 먹으면 얼마든지 10억 원 정도의 회삿돈을 몰래 빼낼 수 있다. 그런데 B라는 사람은 회삿돈을 몰래 빼낼 수 있는 금액은 100만 원 정도이다. A, B 사람 중, 누가 회삿돈을 몰래 빼낼 확률이 더 높을까요?"

두 번째 질문이다.

"C라는 사람은 D보다 회삿돈을 몰래 빼돌렸을 때, 적발될 확률이 높다. 그렇다면 C, D 중, 누가 회삿돈을 몰래 빼낼 확률이 높을까요?"

첫 번째 질문에 대한 당신의 대답은? 'A'라고 답할지도 모른다.

두 번째 질문에 대한 당신의 대답은? 'D'라고 답할지도 모른다.

그러나 행동경제학의 연구 결과는 당신의 대답과는 다르다. 부정행위가 발생할 확률은 부정으로 인해 손에 넣을 수 있는 금액과는 상관이 없었다. 그리고 부정행위가 발견될 확률과 실제 부정행위도 관계가 없었다.

왜 그럴까? 그 이유가 뭘까? 그 이유를 알기 위해서는 "보통의 인간성"에 대한 심리학적 이해가 필요하다.

••• 보통 인간의 모습

영국 작가 제롬 K. 제롬은 자신의 소설 『보트 위의 세 남자(Three Men in a Boat)』에서 '보통 인간의 모습'을 낚시꾼의 이야기를 예로 들어 이렇게 재미있게 설명하고 있다.

"나의 친구 가운데 상당히 양심적인 친구가 있습니다. 그는 낚시한 물고기의 마릿수를 절대 25% 이상은 부풀려서 말을 하지 않기로 작정한 사람이에요. 그러니까 40마리를 잡았으면 50마리 잡았다고 이야기하죠. 그 이상은 절대 부풀려서 거짓말을 하지 않아요. **왜냐면 거짓말은 나쁘기 때문이죠.**"

인간은 대개 절대적인 죄악감을 느끼지 않을 정도의 자기 나름대로 적정선을 그어놓고 부정을 저지르고 있다. 이런 모습은 특별한 인간에게만 볼 수 있는 모습이 아니라, 우리 주위에 흔한 모습이다. 즉 '보통 인간의 모습'이다. 보통 인간은 자신의 이미지가 손상을 입지 않을 범위 내에서의 적당한 부정직한 행위를 통해 자신의 이익을 추구할 수 있는 경계선을 찾고 있다. 그래서 아일랜드의 소설가 겸 극작가 오즈카 와일드는 이렇게 말했는지도 모른다.

"도덕성이란, 예술과 같아서 어딘가에 선을 긋는 일이다. 문제는 그 선을 어디에 긋는가이다."

그렇다면 인간의 도덕성을 어디에 선을 긋는가의 문제로 이해해야 하는가? 이 궁금증을 풀기 위해서는 절대 단순하지 않은 인간 심리에 대한 이해가 필요하다. 인간은 일반적으로 행동할 때, 대개 상반된 두 가지의 동기가 개입한다. 하나는 "자기 자신은 정직하고 훌륭한 인격의 소유자이다."라고 생각하고 싶은 동기다. 이 동기는 마치 거울에 비친 자신의 모습이 대견스럽고 만족스러운 모습으로 비치길 원하는 마음(심리학 용어로 이런 마음을 '자아 동기'라고 함)이다. 또 하나의 동기는 적당한 부정직한 행위를 통해 가능한 이익을 손에 넣고 싶은 심리('금전적 동기'라고 함)이다. 이 상반된 두 마음(동기)이 한 인간의 마음속에 공존하고 있다. 여기서 당신에게 비도덕적인 질문을 하나 하자.

"적당히 남을 속여서 자신의 이익을 추구하면서도, 한편으로는 자기 자신은 정직하고 훌륭한 사람이라고 하는 생각을 소유하고 싶다면 어떻게 하면 될까?"

아마 당신은 이 질문이 논리적으로 맞지 않는 이상한 질문이라고 생각할지 모른다. 그런데 가만히 생각해 보자. 우리는 이런 이상한 행동을 솔직히 일상적으로 하고 있지 않은가? 적당히 남을 속여 자신의 이익을 추구하면서, 한편으로는 도덕적인 인간으로 인정받고자 행동하는 모습은 (미안하지만) 이 책을 읽고 있는 당신도 예외가 아닐지도 모른다. 아마 당신은 이번 주말에 도덕적인 인간이지만, 때로는 (당신 모르게) 비도덕적인 행동을 하는 사람과 식사하기로 약속했는지도 모른다. 부정직한 행동을 통해 자신의 이익을 적당히 추구하면서, 동시에 정직한 행동을 통해 인격적인 존재로 인정받고 싶은 이중적인 인간의 심리는 특별한 인간에게만 나타나는 현상이 아니다.

'보통 인간'의 실체는 이런 이중적인 모습이지만, 그럼에도 태연하게 자기 자신은 아무 문제가 없다고 생각하는 가면을 쓰고는 거리낌 없이 정직한 척하는 이유는 무엇일까?

그 이유는 인간에게는 **"생각의 융통성"**이라고 하는 무기가 있기 때문이다. 사람들은 이 무기를 사용하여 자기 자신을 합리화하면서 살아가고 있다. 인간은 '생각의 융통성' 덕분에 적당히 자신의 비도덕적 이익을 추구하면서도, 한편으로는 도덕적인 인간의 모습을 보인다. 즉 인간이라는 존재는 자신의 정직한 이미지를 유지하면서, 한편으로는 죄책감을 느끼지 않을 정도의 적당한 부정을 통해 이익을 추구하고 있는 존재라는 것이다. 아마 당신도 평소 이 두 가지의 모순되는 욕구를 느끼면서 그때그때 절묘하게 균형을 잡아나가고 있는지도 모른다.

그런데 문제는 이거다.

인간은 자기중심적 사고가 강해서 자신의 이런 모습에 대해서는 매우 관용적이지만, 타인에 대해서는 결코 너그럽지 못하다는 것이다. 행동경제학자, 댄 에일리 박사는 자신의 저서 『거짓말과 속임수의 행동경제학』에서 이런 재미있는 예화[2)]를 소개하고 있다.

> 이제 8살 된 지미가 학교 선생님으로부터 편지를 받았다. 편지는 지미가 친구의 연필 한 자루를 훔쳤다는 내용이었다. 이 사실을 알게 된 지미의 아버지는 몹시 화가 났고, 지미를 혼냈다. 아버지는 만일 이 사실을 엄마가 알게 되면 얼마나 충격을 받을지 모르겠다고 하면서 아들에게 자신의 실망스러운 마음을 보여주려고 했다. 아버지는 지미의 행동을 고치기 위해 두 주간의 외출 금지 벌을 내렸다. 그리고는 지미에게 이런 충고를 하고 자리를 떴다.
>
> "그런데 지미야, 연필이 필요하다고 왜 아빠에게 이야기하지 않았니? 아빠에게 미리 말해줬으면 좋았을 텐데. 연필 몇 자루 정도야 아빠가 얼마든지 회사에서 가져올 수 있는데."

친구의 연필을 훔친 아들에게 벌을 주는 것은 당연하게 생각하면서도 정작 자기 자신의 부정직한 행위에 대해서는 아무런 죄책감을 느끼지 못하는 이 아버지의 모습을 당신은 어떻게 생각하는가? 우리와 다르지 않은 모습이 아닌가?

인간이란, 그 누구라도 도덕적으로 완전무결한 감각을 소유하고 있지 않으며, 보편적으로 '적당히 정직한 수준'에 머물러 있다. 이 때문에 인간은 **'어떤 상황에 놓이게'** 되면 처벌이나 적발의 가능성과는 관계없이 적당히 비도덕적 행위를 하기도 한다.

이제 앞에서 언급한 행동경제학자의 연구 결과가 이해되었는지 모르겠다. 미국의 배우이자 극작가인 그루초 마르크스의 다음 말은 인간의 불편한 실체를 통쾌하게 지적했다는 느낌이 든다.

"상대방이 정직한 사람인지 아닌지를 아는 방법은 하나 있다. 그 사람에게 물어보면 된다. 만일 그 사람이 '나는 정직하다'라고 대답한다면 그 사람은 악당이다."

그렇다면 인간은 **'어떤 상황에 놓이게 되면'** 처벌이나 적발의 가능성과는 관계없이 비도덕적인 행동을 하게 되는 걸까? 이에 대한 설명을 하기에 앞서 다음 세션에서 또 하나의 구체적 연구(감시카메라의 무용론 연구)를 소개하고 그다음을 이어가자.

••• 감시카메라는 인간의 행동을 통제할 수 없다

또 하나의 연구[3)]를 소개하자. 제목은 "과연 인간은 자신의 비도덕적인 행동이 발견될 확률이 높으면 부정을 저지르는 확률이 낮은가?" 연구 방법은 자신의 부정행위(실험자를 속여서 보수를 챙김)가 발견될 확률이 '높은 조건'과 '낮은 조건'을 설정하여 그들의 행동을 관찰해보았다. 연구 결과는? 두 집단의 부정행위 발생률에는 차이가 없었다. 즉 비도덕적인 행동이 발각될 확률과 실제 비도덕적인 행동의 실행과는 관련이 없었다.

이 연구는 "CCTV가 자신을 감시하고 있는 상황에서 인간의 행동은 바뀌는가?"에 대한 답을 찾는 데 참고되는 연구이다. 실제 이 답을 찾아준 연구가 있다. 2008년 뉴욕주는 하나의 대대적인 연구 계획을 착수하게 된다. 이 연구는 의료관계자들의 손 씻기 비율을 높이고자 2년에 걸쳐 5만 달러의 예산을 투입하여 이들의 행동을 관찰한 연구이다. 연구 장소로 선발된 곳은 미국 북동부에 있는 집중치료실(ICU)이다. 연구팀은 치료실 방마다 소독제와 세면대를 설치하고, 여기저기 벽에 "손을 깨끗이 씻자!"라는 포스트를 붙였다. 이렇게 한 결과, 직원들의 손 씻는 비율이 증가하였을까? 결과는 전혀 효과가 없었다.

도대체 그 이유가 뭘까? 이에 대해 연구팀은 몇 주간에 걸쳐 다양한 의견을 청취하고 논의한 결과, 문제해결을 위한 새로운 대책안을 내놓게 된다. **그것은 치료실 내에 "CCTV 감시카메라 설치"였다.** 연구팀은 감시카메라로 실시간 감시하게 되면 분명히 의료 직원들의 손 씻는 비율이 증가하게 될 거라고 예상했다.

연구팀은 ICU 내의 손 소독제와 세면대를 비추는 곳에 21대의 감시카메라를 설치했다. 그리고 20명의 감시 요원을 배치하여 실시간으로 라이브 영상을 보면서 감시하도록 하였다. 감시 요원들은 24시간 체제로 의료진의 행동을 감시하면서 손 씻기 행동을 평가하였다. 의료진들이 병실에 들어가거나 나오게 되면 병실 문에 부착된 센서가 작동하여 감시 요원들이 이들의 움직임을 알아차리도록 하였다. 그리고 의료진 자신들도 이런 감시 시스템으로 자신의 행동이 실시간으로 모니터링되고 있다는 사실을 알고 있었다. 즉 몰래카메라는 아니었다.

자~, 이런 감시 시스템의 도입에 따른 효과는?

결과는 충격적이었다. 의료진들은 자신들의 손 씻기 행위가 감시카메라를 통해서 24시간 감시받고 있다는 사실을 알고 있었지만, 손 씻기 규율을 지킨 사람은 10명 중 1명뿐이었다. 연구팀은 결국 이런 결론을 내리게 되면서 다른 해결책을 모색하게 된다.

"감시카메라로는 인간의 행동을 통제할 수 없다!"

또 다른 연구[4]에서도 감시 시스템이 인간행동의 통제에 얼마나 무의미한지, 그리고 CCTV 설치 여부와 학대 피해 아동의 증가와는 아무런 관련성이 없음을 말해주는 연구[5]도 있다.

그렇다면 여기에 이런 의문이 생긴다. "CCTV가 있기에 아동학대를 하면 발견될 확률이 거의 100%인데, 그런데도 왜 아동학대를 하는가?" 이 질문에 대한 답을 찾기 위해서는 행동경제학에서 말하는 인간론이 도움이 된다.

"인간이란, 그 누구라도 도덕적으로 완전무결한 감각을 소유하고 있지 않으며, 보편적으로 적당한 도덕적 수준에 머물러 있다. 그래서 '어떤 상황에 놓이게 되면' 적발의 가능성과는 관계없이 비도덕적 행동을 하게 된다."

그렇다면 **"어떤 상황에 놓이게 되면"** 적발의 가능성과 관계없이 학대 행위가 발생하기 쉬울까? 이에 대한 설명은 본서의 제6부 제2장(학대가 발생하기 쉬운 상황)에 양보하자.

20세기 최고의 지성인으로 불리는 미국의 언어학자 노암 촘스키 박사에게 한 신문 기자가 다가가 이렇게 물었다.

"박사님, 국가나 재단이 학교 교육 개선을 위해 교실마다 CCTV 카메라를 설치하는 것은 어떻게 생각하는지요?"

촘스키 박사의 대답이다.

"그것은 최악의 교육환경이다. 그것보다 학교에 필요한 것은 예산 증액과 선생님에 대한 존경, 그리고 급여의 개선과 반의 크기를 줄이는 것이다."

CHAPTER 03

현장에 답이 있다!

••• 전문가들은 틀린다!

“인간의 감정은 뇌가 아니라, 심장에서 생성된다. 여자는 남자보다 지적으로 떨어지며, 치아의 개수도 남자보다 적다.”

이런 얼토당토않은 이야기를 한 사람은 누굴까? 그 유명한 고대 그리스 철학자 아리스토텔레스이다. 이 사람은 이제까지 지구 표면을 두 발로 걸어 다녔던 지성인 중의 최고 지성인으로 불리는 사람 아닌가? 하지만 아리스토텔레스의 이 주장을 믿는 현대인은 아마 없을 것이다. 그리고 여자는 남자보다 지적으로 떨어진다는 주장에 분노하지 않을 여성은 없을 것이다.

그의 스승, 플라톤이라는 철학자는 『국가론』에서 “어린 여자나 늙은 여자에게서 태어난 아이, 장애가 있는 아이는 죽여야 한다”라고 하면서 인간 존재의 가치 판단을 국가에 도움이 되는 존재인가 아닌가에 따라 판단했다. 그의 이런 사상은 근대 국가의 우생학(나쁜 유전자는 없애고, 좋은 유전자는 살려둠)을 탄생시키는 계기를 만들기도 하였다.

지성인에 대한 이런 환멸은 아리스토텔레스나 플라톤에만 해당하는 이야기는 아니다. 오늘날 전문가라는 사람들도 마찬가지다. 그렇다면 왜 전문가라는 사람들에게 환멸을 느껴야 하는가? 이를 이해하는 데 『곤충기』로 유명한 파브르의 다음 이야기가 도움이 된다.

"당신은 곤충의 배를 잘라서 보고 있다. 하지만 나는 살아있는 곤충을 연구하고 있다. 당신은 곤충을 잔혹하게 분해해서 바라보고 있으며 혐오스럽고 불쌍한 모습으로 만들어버리고 있다. 나는 곤충을 사랑스러운 모습으로 해서 보고 있다. 당신은 연구실에서 곤충에게 고문하는 것처럼 곤충의 몸을 조각내고 있지만, 나는 청명한 하늘 아래에서 매미 울음소리를 들으면서 관찰하고 있다. 당신은 약품을 사용하며 세포나 원형질을 조사하고 있지만, 나는 본능의 모습, 가장 고도의 곤충의 행위를 연구하고 있다. 당신은 죽은 곤충을 바라보고 있지만 나는 살아있는 생명을 탐색하고 있다."

프랑스의 곤충연구가 파브르는 곤충류의 모습을 애정과 인내심을 가지고 관찰하면서 그 모습을 독특한 시적 표현을 섞어가면서 묘사한 자이기도 하다. 그는 곤충을 연구하는 전문가들이 곤충을 해부학적으로 바라보는 것을 안타까워했던 것 같다.

파브르의 이런 안타까움은 오늘날의 아동 전문가에게도 해당한다고 생각한다. 오늘날 아동 전문가들은 아이를 해부학적으로 바라보고 있다. 예를 들어, 언어발달에 대해서, 정서발달에 대해서, 인지발달에 대해서, 사회성 발달에 대해서 등…. 그런데 성장과정에서 이런 발달은 독립적이지 않고, 다른 발달 요인과 서로 영향을 주고받으면서 기능적 변화를 일으킨다. 그 변화는 매우 복잡하고, 또한 역동적이다. 그러므로 아이의 특정 발달을 안다고 해서 아이를 아는 것은 아니다.

어쩌면 중세 유럽 사람들은 인간 이해에 대한 이런 분석적인 접근의 문제나 그 한계를 깨닫고 통합된 인간의 모습을 묘사하고자 문학이나 철학, 예술을 발달시켰는지도 모른다.

전문가들이 가장 빠지기 쉬운 함정은 '나무를 보고 숲을 보지 못한다'는 점이다. 지금 내 주위에 풍성한 가지와 나뭇잎으로 하늘을 가리고 있는 큼직한 아름드리나무 50그루 정도가 서 있다. 이게 숲일까? 물론 그렇지 않다. 이 나무들은 내가 숲속에서 보고 있는 몇 그루의 수목에 지나지 않는다.

인간은 숲과 같은 존재이다. 전문가들의 지식은 마치 몇 그루의 나무를 보고 숲을 연상하는 것과 다름없다. 때문에 그들의 지식은 사회 문제를 해결하는 데 별로 도움이 안 되는 경우가 많다. 인간의 마음은 상당히 복잡해서 알기 어려우며 까다롭다. 그래서 사회 문제는 이론이나 논리로 풀 수 없는 게 많다.

그러나 사회 문제가 발생하면 사람들은 전문가라는 사람의 입에만 주목한다. 미디어도 그들의 입에서 나온 주장이 마치 정확한 분석인양 여과 없이 흘려보낸다. 그러다 보니 오늘날 미디어 의존성이 높은 현대인은 미디어에서 흘려보내는 전문가라고 하는 사람의 이야기에 쉽게 유혹되기 쉽다. 그래서 스페인 철학자 오르테가[1)]는 미디어 시대에 마치 대중의 대변자 역할을 하고 있는 오늘날의 전문가들을 '현대의 야만인'이라고 비꼬았다. 그의 이유는 이렇다.

"전문가들은 나무만 보고 숲을 보지 않아서 다양한 배경이 매우 복잡하게 얽혀있는 사회 문제를 정확히 분석하고 진단하기에는 역부족이다. 그들은 전문지식을 모르기 때문이 아니라, 자기가 아는 전문지식밖에 모르기 때문이다."

••• 직접 만나보자

경제적으로 어려운 사람들을 도와주고 싶다. 어떻게 하면 될까? 이들이 풍부한 경제 지식을 갖도록 경제교육 프로그램을 제공하면 될까? 아니면 돈을 절약하는 방법을 가르쳐주면 될까? 그러면 이들이 빈곤으로부터 탈출할 수 있게 될까? 연구[2)]에서는 "별 효과 없다"라는 결과를 내놓고 있다.

이들이 가난한 이유는 금융이나 경제에 관한 지식이 없거나 머리가 나쁘거나 돈에 대한 개념이 없기 때문이 아니라, 제1금융권에서 돈을 빌릴 수 없을 만큼 경제적으로 열악한 상황에 놓여 있기 때문이다.

그렇다면 이들이 빈곤에서 벗어날 수 있도록 도와줄 수 있는 효과적인 방법은? 이들을 직접 만나보자. 그리고 이들이 처한 열악한 상황을 보고, 이들의 입에서 나오는 이야기를 들어보자. 그러면 이들에게 도움이 되는 좋은 방법을 찾을 수 있게 될지 모른다.

우리 사회의 어떤 문제일지라도 그 해결책을 찾고자 한다면 전문가라는 사람의 입을 바라보는 게 아니라, 현장을 찾아가서 현장 사람들의 이야기를 듣는 것보다 더 좋은 방법은 없다. 일중(日中)교류협회 회장, 니와 우이치로[3)]는 자신의 저서, 『인간의 본성』에서 자신의 경험담을 이렇게 전하고 있다.

"나는 모 회사의 미국 지부에서 식료부문 담당자로 근무했던 당시, 판단 잘못으로 회사에 무려 500만 달러의 손해를 입힌 적이 있습니다. 곡물 시장에 대한 나의 판단 착오였습니다. 당시 나는 『뉴욕 타임스』 일면에 "올해는 심각한 가뭄의 해다!"라는 제목과 함께 실린 사진에 온 정신이 나가버렸습니다. 사진은 곡물이 싹도 피우지 못하고 거미줄처럼 갈라진 논밭이었습니다. 그걸 보고는 이런 직감이 들었습니다. "올해 가뭄으로 곡물 가격이 폭등하겠구나." 이런 생각에 그해 가격 폭등을 대비해서 미리 대두(大豆)를 엄청 많이 구매를 해버렸습니다. 그런데 그해 끝날 줄 모르던 마른하늘이 어느 날부터 비가 내리기 시작했습니다. 그러자 미국 농림부는 풍작을 예고하고, 이에 곡물 시장이 반응하여 곡물 가격이 맥없이 추락하고 말았습니다."

니와 우이치로 씨는 회사에 막대한 손해를 입힌 책임을 지고 사직을 결심하게 된다. 그러나 본사 상사의 만류와 격려("만일 당신이 해고된다면 내가 먼저 회사에 사직서를 제출할 것이다")에 힘을 얻고, 이후 회사에 입힌 손실을 조금이라도 만회하기 위한 노력을 하게 된다. 그는 이 경험을 통해 깨달은 사실을 책에서 이렇게 기록하고 있다.

"아무리 권위 있는 신문이라고 할지라도 기사를 신뢰할 수 있는 것은 아니다. 곡물 가격을 정확히 알려면 먼저 현지에 가서 자신의 눈으로 직접 확인을 해야 하지만, 신문 기사만 믿고 올해 곡물 가격이 오르겠다고 상상해버렸다. 이런 상상 때문에 대량의 곡물을 미리 사들인 자신의 미련함과 멍청함이 부끄럽다."

니와 우이치로 씨는 뉴욕 지사장으로 부임할 때, 본사 간부로부터 이런 말을 들었다고 회고하고 있다. "모든 답은 현장에 있다. 만일 문제가 발생하면 돈은 신경을 쓰지 말고 곧바로 비행기를 타고 현장으로 가라." 이후 그는 현장에 문제해결의 열쇠가 있다고 생각하고, 그 열쇠를 찾기 위해 여기저기 산지(産地)를 찾아다니게 된다.

••• 상대방의 신발을 신고 1마일을 걸어보라!

개미는 베짱이를 이해하기 어렵고, 베짱이는 개미를 이해하기 어렵다. 그 세계는 그 세계에 속한 자만이 알 수 있다. 그러므로 개미는 베짱이를 놀고만 있다고 말할 수 없으며, 베짱이는 개미를 일만 하고 있다고 말할 수 없다(실제로, 개미 집단에는 일하지 않는 개미도 20~30% 있다).

자신의 눈에 보이는 모습만을 보고 상대방을 판단해버리는 사람은 '지구는 평평하다'라고 말하는 중세 사람과 다름없다. 북극 바다에 떠 있는 빙산의 움직임을 알고자 한다면 바다 위를 휘몰아치고 있는 바람의 움직임에 주목해서는 곤란하다. 빙산의 90%는 수면 아래에 있기에 빙산의 움직임을 알고자 한다면 우리 눈에 보이지 않는 해수면 아래에 흐르고 있는 해류를 생각해야 한다.

부자는 가난한 사람을 게으르고 무능하다고 생각할지 모른다. 술을 마시지 않는 사람은 알코올 중독자를 의지가 약하다고 생각할지 모른다. 행복한 사람은 우울증 환자를 '왜 모든 걸 부정적으로 생각하는지'라고 생각하며 답답해할지도 모른다. 그러나 그렇게 생각하는 사람에게 적합한 서양속담이 있다.

"그 사람의 신발을 신고 1마일을 걸어보라."

당신이 상대방을 올바르게 이해하고 싶다면 자신의 머릿속에서 이런저런 상상이나 판단을 하지 말고, 그 사람이 경험하는 것과 같은 경험을 해보자. 만일 상대방과 같은 경험을 하기 어렵다면 그 사람의 이야기를 들어보자. 인간 이해에 정통한 '윌리암 이키즈 박사'는 다음과 같은 이야기를 하고 있다.

"타인의 생각을 정확히 읽는 수단은 대개 언어 정보이다. 그런데 상대방의 마음을 더욱 정확히 알고자 한다면 이런저런 가정이나 상상을 하지 말고, 직접 그 사람을 만나서 물어보거나 그 사람의 이야기를 들어보자!"

미국의 법학자이자 인문학 교수인 '스타린 휘슈[4)]'의 다음 이야기도 흥미롭다.

"자신의 적을 멀리서만 상상하는 게 아니라, 실제 만나보면 모두 비슷한 생각을 하고 있다는 사실을 알게 됩니다. 그래서 나는 싫어하는 사람과는 가능하다면 만나지 않으려고 해요. 왜냐고요? 그 이유는 그 사람을 직접 만나게 되면 아마 분명히 좋아하게 될 것이니까요. 실제 이런 경험을 그동안 몇 번이나 했었으니까요.”

2005년 8월 미국 남부를 덮친 허리케인 ‘카트리나’는 루이지애나 미시시피강 삼각주와 미시시피 해안가에 엄청난 피해를 가져다줬다. 특히 뉴올리언스는 카트리나로 인해 제방이 붕괴되고 도시의 80%가 물바다가 되었다. 이로 인해 엄청난 재산과 인명상의 피해를 보았다. 그런데 뉴올리언스의 인명 피해는 당시 정부의 피난 명령을 무시하였기 때문에 발생한 인재라는 인식이 강했다. 미연방 긴급사태관리청 장관도 “많은 사망자가 나온 이유는 피난 명령을 무시한 사람들이 많았기 때문이다”라고 지적했다. 실제 피난 명령을 무시한 사람의 수가 수천에 이르렀고, 이 때문에 인명 피해는 더욱 컸다.

당시 미국 국민도 이들의 피해를 안타까워하거나 동정하기보다는 비난했다. ABC뉴스도 “피난 명령을 무시한 그들을 이해하기 어렵다”라고 비판하였다. 미국 국토안전부 장관[5)]은 “행정부가 피난 명령을 내렸습니다. 그런데 그 명령을 거부한 사람들도 있습니다. 그것은 잘못된 판단입니다.”라고 말하기도 했다.

여기서 당신에게 드리고 싶은 질문이 있다.

“피난 명령을 무시한 그들은 정말 비난받아 마땅한가요?”

"이들이 정말 비난받아 마땅한지"에 대해 알아보기 위해 조사 연구팀[6)]이 꾸려졌다. 연구팀은 현지 조사에 들어가기 전에 먼저 사람들을 대상으로 행정부의 피난 명령을 무시한 그들에 대해 어떻게 생각하는지를 물어보았다. "바보스럽다", "수동적이다", "융통성이 없다" 등의 부정적 평가 일색이었다.

연구팀은 이제 재난 현장을 방문하였다. 정부의 피난 명령을 따르지 않았던 사람들을 일일이 만나서 그들의 이야기를 들어보았다. 그리고 그들의 처한 상황도 들여다보았다. 연구팀이 이런 일련의 현장 조사를 통해 내린 결론은 이렇다.

"그들은 정부의 피난 명령을 거부한 것이 아니라, 피난을 할 수 없었던 사람들이었다."

그들이 처한 상황, 그리고 그들이 들려주는 이야기는 미국 국민의 일반적 인식과는 너무 달랐다. 그리고 언론이나 행정부 사람들이 하는 이야기와도 너무 달랐다. 그들은 모두 하나같이 빈곤한 자들이었다. 그들에게는 차가 없거나 차가 있더라도 가족 전원이 탈 수 없었다. 설령 차로 피난했다고 할지라도 돈이 없어 가족 전원이 호텔에 장기간 머물 수도 없었다. 또한, 그들은 지리적으로 좁은 인맥밖에 없어서 자신의 가족을 잠시라도 머물게 해줄 지인도 없었다. 게다가 신뢰할 수 있는 뉴스나 정보를 얻을 수 있는 수단도 거의 없는 가정들이었다.

이제 다시 당신에게 묻고 싶다.

"피난 명령을 무시한 그들은 정말 비난받아 마땅한가요?"

넓은 거실의 소파에 앉아 인도네시아산 루왁 커피를 마시면서 "이번 여름 휴가는 어디로 갈까?"라고 생각하는 사람은 정부의 피난 명령을 무시하여 피해를 입은 사람들에 대해 이렇게 생각할지도 모른다. "안타깝지만 스스로 불행을 자초한 어리석은 사람들이구나!"

나라의 위정자들은 정부의 명령을 무시한 이들의 행동에 분개하면서 이런 생각을 하고 싶을지도 모른다. "앞으로 국가의 피난 명령에 따르지 않는 사람은 법적으로 강력한 처벌을 받게 해야 한다."

그러나 아무리 법적으로 강력한 처벌을 한다고 경고할지라도 뉴올리언스의 가난한 사람들은 또다시 강력한 허리케인이 마을에 들이닥치면 피난을 갈 수 없어 전기가 나가버린 컴컴한 방안에서 이렇게 기도하면서 숨죽이고 있을 것이다.

"자비로운 하나님, 우리 가족의 생명을 보존케 하옵소서!"

이들에게 필요한 것은 강력한 처벌이 아니라, 피난 갈 수 있는 버스의 제공과 무료로 숙식할 수 있는 피난 장소의 확보이다.

··· 왜 자선 사업은 독이 되었는가?

미국의 모 식품회사는 빈곤에 허덕이는 아프리카 아이들을 위해 자사(自社) 생산 제품 가운데 깡통 분유를 무료로 제공해주는 자선 사업을 시작했다. 이 사업은 영양 상태가 좋지 않아 모유가 잘 나오지 않는 아프리카 산모들에게는 복음과 같은 소식인지도 모른다. 당시 사람들은 모두 이 자선 사업을 찬양했다.

그러나 이 선의(善意) 사업은 나중에 비참한 결과로 끝나버리게 된다. 그 이유가 몇 가지가 있었다. 하나는 아프리카 어머니들은 무상으로 받은 분유를 지도원에게 배운 대로 사용하지 않았다. 그들에게 분유는 너무 귀한 것이어서 아기에게 조금씩 먹이다 보니 유통 기한을 넘기는 게 다반사였다. 그리고 어떤 부모는 심지어 무상으로 받은 분유를 아기에게 먹이지 않고 고가로 암거래하기도 하였다.

무엇보다 결정적인 이유가 있었다. 물의 문제였다. 젖병은 항상 청결 상태를 유지해야 하지만, 물이 부족한 나라에서는 이게 쉽지 않다. 빈곤 지역에 사는 사람들은 항상 물 부족에 시달리고 있어서 젖병을 제대로 씻지도 않은 채 아기에게 분유를 먹이는 일이 다반사였다. 젖병 내부는 영양분이 풍부해서 세균이 번식하는 데 최적의 환경이다. 그런데 이걸 제대로 씻지도 않고 분유를 먹이게 되면 아기에게 마치 세균 덩어리를 먹이는 꼴이 되어버린다. 이런 수유 행위는 아이의 건강에는 치명적이다.

그러나 이걸 모르는 아프리카 부모들은 이런 식으로 수유를 하다 보니 결국 아이들에게 위장 장애가 발생하기도 하고 소화기계 감염으로 이어져 사망 사건까지 발생하는 등 많은 문제가 나타나게 된다. 이후 이런 문제가 해결되지 않고 반복되자, 결국 식품회사의 자선 사업은 막을 내리게 된다.

독자에게 묻고 싶다.
"이 일련의 사태 책임은 누구에게 있다고 생각하는가요?"

아프리카 부모들의 책임? 그들은 유통 기한을 넘긴 분유를 아기에게 먹이기도 하고, 젖병을 물로 깨끗이 씻지도 않은 채 먹이기도 하였다. 심지어 어떤 부모는 무상으로 받은 분유를 아기에게 먹이지 않고 고가로 암거래하기도 했다. 이렇게 보면 당연히 부모들의 책임이 크다고 생각할 수도 있다.

그러나 이 사태의 본질은 극심한 빈곤으로 기아에 허덕이고 있는 이곳 사람들의 의식에 대한 이해 부족, 그리고 젖병을 씻을 수도 없을 정도로 물이 부족한 이곳 실정에 대한 분석 소홀 등 식품회사 사람들의 단편적인 생각의 결과물이었다.

그들은 아프리카 빈곤 지역에 사는 사람들이 처한 현실과 그들의 의식에 대해서는 문외한이었다. 분유가 제공되는 지역의

물 공급 상태는 어떠한지? 기본적 생계유지도 어려운 극도의 빈곤 생활을 하는 사람들은 무상으로 받은 분유를 손에 넣을 때 어떤 고민을 하게 될 것인지 등에 대한 생각이 필요했다.

그러나 그들의 머릿속에는 오직 기아에 허덕이는 아프리카 아이를 구하고 싶다는 자기만족의 낭만적 박애주의적 사고로만 가득했을 뿐이었다.

만일 식품회사 사람들이 현지에 가서 물 부족이나 극심한 빈곤 등의 열악한 생활환경을 직접 눈으로 보았다면 어떨까? 이들의 의식이나 욕구를 이해하기 위해 이들과 이야기를 나누어보았다면 어떨까? 그리고 하루 이틀 만이라도 이들과 함께 생활을 해보는 경험을 해보았더라면 어떨까?

이렇게 했더라면 이런 생각이 가능했을 것이다.

"혹시 이곳 사람들은 분유의 유통 기한의 개념을 이해하고 있을까?"

"물이 부족한 지역이라서 매번 젖병을 제대로 깨끗이 씻어서 먹일 수 있을까?"

"본인도 굶주리고 있는 힘든 생활을 하고 있어서 혹시 이들이 고가의 분유를 손에 넣게 되면 과연 아기에게 먹일까?"

••• 높은 수준의 지적 능력은 필요 없다

우리 사회의 아동학대 문제를 풀어나가고 싶다. 어떻게 하면 될까? 높은 수준의 지적 능력도 노벨상을 받을 정도의 위대한 연구 업적을 쌓은 학자들의 이야기도 필요 없다. '해법'을 얻고자 한다면 전문가를 찾는 게 아니라, 그 문제가 발생한 현장을 찾아가 보자. 그리고 그들의 이야기를 들어보자. 그러면 효과적인 해법을 찾을 수 있게 될지 모른다.

스페인 철학자 오르테가는 "지배한다고 하는 것은 채찍보다는 엉덩이의 문제다."라고 말했다. 아동학대와 같은 사회적 문제를 풀어나갈 때, 지도자는 무작정 채찍을 휘두르는 것이 아니라, 문제가 발생한 현장을 찾아가서 엉덩이를 무겁게 하고 현장 사람들의 이야기를 들어보자. 그리고 그 착지점을 찾아 나가는 노력을 해보자. 그러면 우리 모두가 만족하는 '마법에 가까운 해법'을 찾을 수 있게 될지 모른다.

인간이라고 하는 존재는 모두 오류를 범하기 쉬우며, 유한한 존재이기 때문에 특정 한 개인이 절대 '마법과 같은 해법'을 소유할 수 없다. 그러기에 고생물학자이며, 과학작가인 스티븐 제이 굴드의 다음 어록[7]은 더욱 의미가 있는 것 같다.

"우리는 어떤 문제를 풀어나갈 때 가장 잘못된 것은 자신이 하는 게 최선의 것으로 생각하는 것이다. 이 때문에 세밀하게 생각하는 것을 게을리하며 의문을 가지지 않게 된다."

PART 6

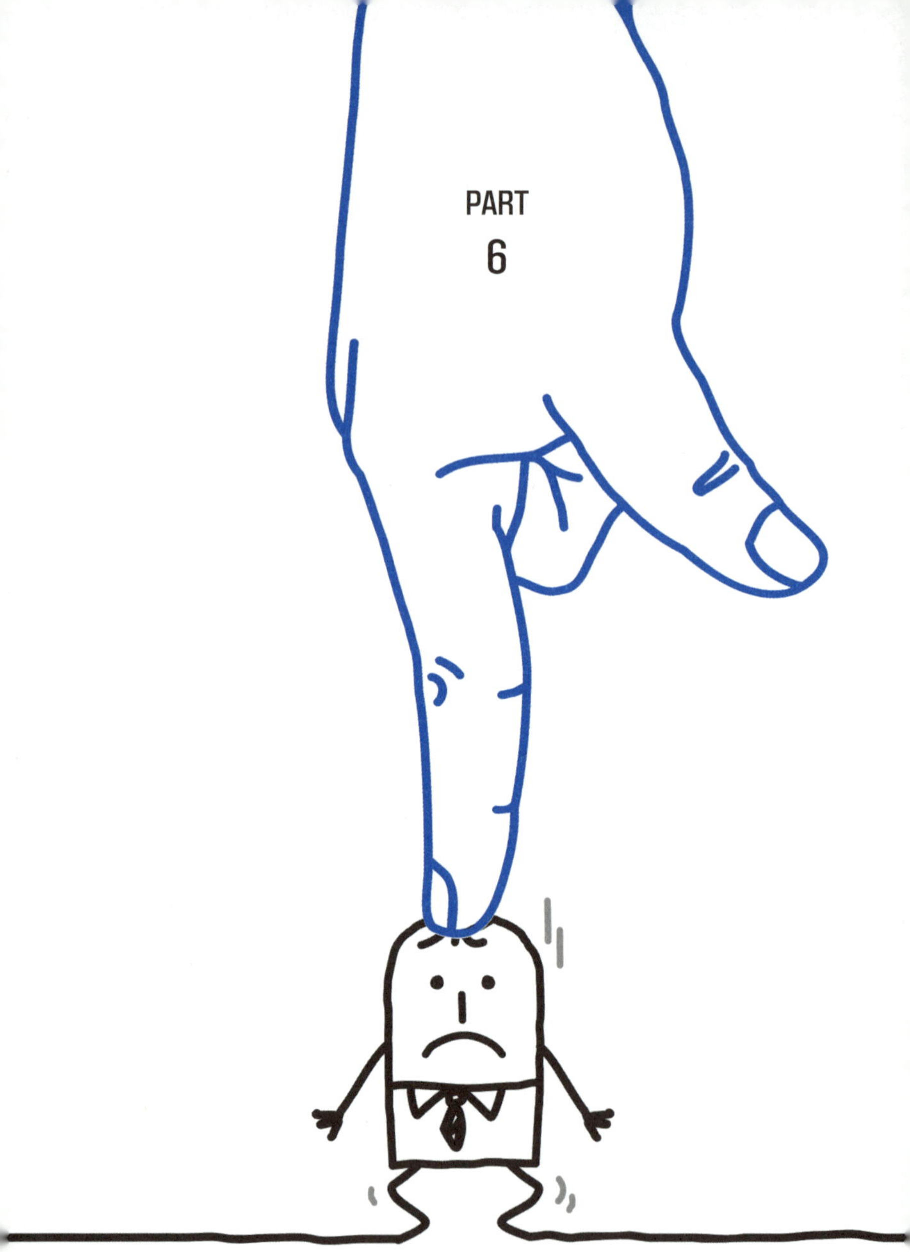

아동학대의 출구를 찾아서

흔들리지 않는 자제심도 선천적인 이타적 성격도 필요 없다. 어떤 사람일지라도 태어나면서부터 자신의 내면에 선한 사마리아인이 살고 있으며, 필요한 것은 적절한 타이밍과 적절한 상황이다.

- 미국 심리학자 니콜라스 애플리 -

CHAPTER 01

누구라도 그렇게 될 수 있다

··· 이 세상에는 두 종류의 사람이 있다?

"이 세상에는 두 종류의 사람이 있다. 이 세상에 두 종류의 인간이 있다고 믿는 사람과 믿지 않는 사람이 있다."

이 재미있는 말을 한 사람은 미국의 각본가이자 배우인 로버트 벤츨리이다. 그러나 심리학적인 적절한 표현은 이렇다. "이 두 종류의 인간이 한 인간의 내면에 공존하고 있다." 인간의 내면은 그 누구라도 서로 상반된 두 개의 마음을 품고 있다. 프랑스 정신과 의사 외젠 민코프스키 박사는 이런 말을 했다. "인간의 내면은 두 개의 완전히 상반된 양극으로 구성된 스펙트럼 위에 표시할 수 있다."

구체적인 예를 들어 설명하면 이렇다. 당신의 마음 한쪽 끝에 인내심이나 끈기라고 하는 성향을 갖고 있으면, 다른 쪽 끝에는 충동적 반응이라는 성향을 갖고 있다는 이야기이다. 즉 전혀 다른 상반된 두 성향이 당신의 마음에 내재되어 있다는 것이다.

그래서 평소에 침착하고 점잖은 성향을 보이는 사람이라고 할지라도 상황에 따라서는 전혀 다른 모습, 즉 평정심을 잃어버리고 충동적인 언행을 보이기도 한다. 이처럼 인간의 얼굴은 항상 같은 얼굴이 아니며, 상황에 따라서 내면에 감춰진 전혀 다른 얼굴을 내미는 것이다.

20세기 심리학에 가장 영향력을 미친 사람 중의 한 사람으로 미국 하버드 대학 교수, 스키너 박사를 꼽는다. 그는 이런 말을 했다.

"'노래를 잘 부른다', '용감하다', '돈을 잘 번다', '어르신에게 자리 양보 잘한다' 등. 이 세상에 타인에게 칭찬받을 만한 일은 많이 있다. 하지만 이런 행위가 단지 환경이나 상황의 영향을 받은 결과에 지나지 않는다는 사실은 명백하다. 그 사람이 본질적으로 그런 성향을 지닌 게 아니며, 당신도 그런 똑같은 그런 상황에 놓이게 되면 타인으로부터 칭찬받을 만한 행동을 하게 될 것이다. 그 사람은 단지 운 좋게 그런 칭찬받을 만한 행위를 표현하기 쉬운 환경이나 상황에 놓여있었다는 사실, 그뿐이다."

••• 시대가 위인을 만든다

세계 최초로 아메리카 대륙을 발견한 사람은?

만일 당신에게 이런 질문을 한다면 누구나 다 아는 시시한 질문이라고 생각하면서 "콜럼버스죠, 누구나 다 아는 이야기가 아닙니까."라고 퉁명스럽게 대답할지 모른다.

그러나 당신의 대답은 틀렸다. 아메리카 대륙을 처음 발견한 사람은 콜럼버스가 아니다. 이미 8, 9세기경 북유럽 사람들이 현재의 북미국 대륙의 동쪽 해안으로 이주하여 그곳에 기지를 만들었다는 사실이 유럽 역사 기록서에 기술되어 있다.

그렇다면 왜 교과서에는 '콜럼버스'로 기술되어 있는가? 교과서 기술이 오류라는 이야기인가? 그렇지는 않다. 교과서가 틀린 것은 아니다. 그 이유를 이해하기 위해서는 콜럼버스 이전의 유럽과 이후의 유럽에 대한 이해가 필요하다. 콜럼버스 이전의 유럽 사회, 즉 15세기 이전에는 **'새로운 발견에 대한 가치'**를 부여하지 않았다. 그 이유는 당시에는 전통적 관습이 중요했고, 또한 인간과 자연에 대한 이해는 오직 '성서'를 통해서만 알 수 있다는 '성서적 지성'이 강하게 지배하던 시대였기 때문이다. 그러기에 8, 9세기경 당시 북유럽 사람들이 (아메리카) 신대륙을 발견했다고 소리쳤지만, 소용없었다.

그러다가 15세기 중후반부터 종교의 힘이 약화하고 과학적 방법을 통한 자연 이해가 평가받는 시대가 도래하면서 '새로운 발견에 대한 가치'가 평가받는 시대를 맞이하게 된다. 이런 시대의 변화 속에 콜럼버스의 신대륙 발견의 외침은 타이밍 좋게 안성맞춤의 사건이 되어 버린 것이다.

시대가 위인을 만든다는 말이 있다. 콜럼버스의 경우는 이에 가장 적합한 사례라고 할 수 있다. 이렇게 보면 콜럼버스는 세계 최초로 아메리카 신대륙을 발견한 위인이 아니라, 시대의 행운아에 지나지 않은 사람이었다.

천동설(우주의 중심은 지구다)을 부정하고, 지동설을 처음 주장한 사람으로 우리는 '코페르니쿠스'로 알고 있다. 하지만 이것도 사실과 다르다. 1543년, 그의 저서, 『천체의 운행에 관하여』의 서문에 이렇게 적혀 있다. "(지동설은) 이미 옛날부터 많은 사람에 의해 전해 내려온 이야기다." '코페르니쿠스' 자신도 본인의 책에서 지동설이 새로운 발견이 아님을 고백한 것을 보면 이 사람 역시 당시의 시대적 상황이 만든 위대한 과학자(그는 성직자이기도 했다) 정도인 것 같다.

••• 소문과 실제가 다르다?

"소문과 실제가 다르다!"

당신은 이런 이야기를 들어본 적이나 경험한 적이 있을 것이다. 예를 들어 "그 사람은 정말 인간적이다"라는 이야기를 들었지만, 실제 만나보면 "자기밖에 모르는 사람이구나"라는 느낌이 들 때가 있다. "그 사람은 정말 똑똑하다"라는 이야기를 들었지만, 실제 만나보니 자신이 상상했던 모습과는 다르게 극히 평범한 사람이라는 느낌이 들 때가 있다.

그렇다면 여기에 의문이 생긴다. 소문과 실제가 다른 이유는 무엇일까? 그 이유는 그 사람이 이중적인 인간이기 때문이 아니라, 인간의 행동은 언제나 '상황'이라고 하는 요인에 의해 영향을 받기 때문이다. 『내일의 행복을 과학한다』의 저자 다니엘 길버트[1)]는 이런 말을 했다. "자신이 알고 있는 것을 모두 써보기 바란다. 그리고 그 쓴 내용 가운데 사람들에게서 들어서 알게 된 것을 체크해 보기 바란다. 아마 거의 모든 항목이 간접적으로 알게 된 지식일 것이다."

다니엘 길버트의 이 이야기는 왜 소문과 실제가 다른지를 이해하는 데 힌트가 된다. 우리가 간접적으로 알고 있는 지식은 대부분 **"사람-행위"**에 초점이 맞춰져 있다. 즉 그 사람이 어떤 상황에 있었는지에 대한 정보, 즉 '상황적 요소'에 대한 정보는 대개 생략되어 있다.

그런데 인간의 행위는 반드시 '상황적 요소'라는 배경이 개입되어 있다. 때문에 "사람－행위"라고 하는 2항 구조로 그 사람을 바라보게 되면 그 사람에 대한 올바른 이해가 쉽지 않다. 우리 속담에 "사흘 굶어 도둑질 아니 할 놈 없다." 또는 "사흘 굶으면 포도청의 담도 뛰어넘는다."라는 속담이 있다. 만일 이런 사람을 "인간－행위"라고 하는 2항 구조에서 판단하면 무조건 나쁜 사람이다. 도적질했기 때문이다. 하지만, "사람－상황－행위"라고 하는 3항 관계에서 본다면 이런 사람을 무조건 비난하기란 쉽지 않다. 사흘이나 굶은 상황에 있었기 때문이다.

우리는 그 사람이 어떤 인간인가를 판단할 때는 그 인간이 처해있는 상황적 요소를 고려하게 되면 판단의 오류를 줄일 수 있다. 이와 관련된 연구[2] 하나를 소개하자. 연구자가 '제임스'라는 사람에게 이런 부탁을 했다. "자신의 과거 에피소드를 두 가지 이야기해 주세요." 이때 연구자는 제임스가 들려주는 이야기를 녹음했다. 연구자는 이 녹음 내용을 A집단 사람들에게 들려주고는 제임스에 대한 인상 평가를 부탁했다. 이때 연구자는 제임스에 대한 A집단 사람들의 평가 내용을 또 녹음했다. 그리고 이 녹음한 내용을 이번에는 B집단 사람들에게 들려주고는 이들에게도 제임스에 대한 인물 평가를 부탁했다.

어떤 결과가 나왔을까? 결과는 흥미로웠다. B집단 사람은 A 집단 사람보다 제임스라는 사람을 더 부정적으로 평가하였다.

제임스에 대해 평가가 A집단과 B집단이 다른 이유가 무엇일까? 그 이유를 알아보기 위해 이번에는 제임스에 대한 A집단 사람들의 평가 내용을 분석해보았다. 제임스가 들려주는 이야기 내용에는 "나는 어떤 일을 저지른 것에 대해 후회하고 있다. 하지만 **"그때 곤란한 상황 때문에 어쩔 수 없었다"**라는 내용이 분명히 포함되어 있었다. 그런데 A집단 사람들의 평가 내용에는 제임스가 말한 "곤란한 상황 때문에 어쩔 수 없었다"라는 내용이 빠져 있고, "제임스의 행위는 문제가 있었다"라고만 말하고 있었다. 즉 행위자의 책임만 강조하고, 그 행위가 발생한 상황적 요인에 대한 정보는 완전히 생략하였다. B집단 사람들은 (A집단 사람으로부터) 제임스의 상황적 정보가 빠져있는 내용만을 듣다 보니 A집단 사람들보다 제임스에 대해 더 부정적으로 평가하였던 것이다.

"A는 친구를 때렸다." 이 경우, "A－때렸다(행위)"라고 하는 2항 구조로만 바라보게 되면 A에 대한 이미지는 절대 좋을 수 없다. 그러나 '범죄 심리학'의 관점은 이렇다－A의 폭력 행위 배경을 깊숙이 들여다보면 대부분은 본인 문제 이전에 그 종착

점은, 즉 원인의 원인은 결국 그 사람이 속한 사회나 타인과의 관계성이라고 하는 외부적인 요인과 관련이 있다.

미국의 범죄 심리학자 라이온스 박사는 "대개 범죄 행위의 발생 배경에는 개인의 문제보다는 환경의 영향이 크다. 여기에는 가정환경만이 아니라, 그 사람이 속한 학교나 회사 등 사회적 환경도 상당히 큰 영향을 받고 있다."라고 설명하고 있다.

"왜 살인사건의 대부분은 가족이나 친척 사이에서 일어나고 있는가?" 범죄 심리에 관한 연구[3)4)]는 "범죄행위는 대부분 그 종착점이 그 사람이 속한 주위 사람과의 관계성이나 사회 전체로 분산될 수밖에 없다"라고 하면서 이런 결론을 내리고 있다.

"범죄는 어떤 의미에서는 우발적으로 사람을 가해자로 만들어버린다."

반사회적 인격 장애로 불리는 것 가운데 대표적으로 '사이코패스(psychopath)'라는 게 있다. 극단적인 자기중심적 사고, 충동조절 장애, 타인에 대한 공감 능력의 결핍, 자신의 욕구실현을 위해 타인을 도구로 사용하는 비정함 등의 인격 장애 문제가 있는 것으로 알려져 있다. 이 때문에 이런 성향이 있는 사람은 범죄를 저지를 가능성이 크다고 보고 있다.[5)]

그러나 실제는 그렇지는 않다. 사이코패스 경향성이 있는 사람이라고 할지라도 반드시 범죄자가 되는 것은 아니다. 최근에는 사회적으로 성공한 사람들 가운데 "성공적 사이코패스(successful psychopath)"로 불리는 사람이 적지 않다. 아무리 범죄적 기질이 농후한 사이코패스적인 인격을 가진 자라고 할지라도 바람직한 환경적 요소만 개입된다면 얼마든지 성공적인 삶을 살아갈 수 있다는 이야기이다.

••• 인간의 본성은 바뀌지 않는 것 같다?

올림픽 경기에서 메달을 딴 선수를 보면서 우리는 대개 그 선수의 재능이나 탁월한 기술, 부단한 노력, 승리에 대한 강한 의지 등의 결과물로 이해한다. 물론 틀린 것은 아니다.

하지만 메달을 따기 위해서는 이것만으로 부족하다. 승리의 레시피에는 많은 재료가 필요하다. 승리를 가져다주는 재료에는 가족의 정신적·재정적 지원, 선수를 경제적으로 지원하는 스폰서의 존재, 코치의 훌륭한 지도 방법, 힘을 실어주는 주변 사람들의 격려 등이 있다.

그런데 승리자의 뒤에 숨어 있는 이런 요소는 우리 눈에 들어오지 않는다. 우리 눈에는 단지 기쁨을 주체하지 못하는 승리자의 얼굴과 그 목에 걸린 메달만 보일 뿐이다. 그러나 분명한 사실은 승리의 원동력에는 우리 눈에 들어오지 않는 이런 요소들,

즉 상황적 요인의 역할이 컸으며, 만일 이게 없었다면 승리의 메달도 없었을 것이다.

프랑스에서는 매년 7월이 되면 3주 동안 세계적인 프로 도로 사이클 경기가 열린다. 이 경기는 프랑스와 인접 국가를 일주하는 프로 사이클팀을 위한 장거리 구간 경기로서 대회명은 프랑스어로 '투르 드 프랑스(le Tour de France)'로 불린다. 이 대회는 FIFA 월드컵이나 올림픽에 버금갈 정도 세계적인 대회로 그 명성이 대단하다. 이 대회의 역대 우승자 가운데 미국의 '랜스 에드워드 암스트롱'이라는 사람이 있다.

그는 7회 연속 우승이라고 하는 타의 추종을 불허하는 전대미문의 기록을 세운 사람이다. 그런데 그의 어린 시절은 부모의 이혼 등으로 평탄하지 못했다. 그리고 선수 생활 중에는 고환암과 세포 종양이 뇌와 폐로 퍼지면서 1996년 선수 활동을 완전히 중단해야만 하는 아픔까지 겪었다. 다행히 이후 수술과 화학요법 등의 치료를 받고 회복하게 된다. 회복 후, 1999년 다시 투르 드 프랑스 대회에서 참가하여 우승하게 된다. 기자들이 암투병을 극복하고 다시 승리자로 돌아온 영웅에게 달려갔다. 그리고 그에게 이렇게 질문을 던졌다.

"우승을 축하합니다. 강한 의지를 갖고 있으면 어떤 문제라도 극복할 수 있다는 사실을 이번 우승을 통해 보여주셨군요."

그러자 그는 이렇게 대답했다.[6)]

"아뇨, 그렇게 생각하지 않습니다. 화학 요법을 받는 동안 내 주위에는 나와 같이 암으로 고생하는 사람들이 많았습니다. 그들은 오히려 나보다 더 강한 의지를 갖고 암과 싸웠지만, 안타깝게도 많은 사람이 죽었습니다. 내가 암을 극복하게 된 근본적인 이유는 나의 정신력이 아니라, **'과학'**과 **'돈'**과 **'운'** 덕분이었습니다."

암스트롱은 자신의 겸손함을 보여주고 싶었던 게 아니라, 사실을 정확하게 말하고 싶었던 것 같다. 돈과 운, 그리고 화학 요법이라고 하는 과학의 힘을 통해 제공받은 이 상황적 요인이 그의 생명을 살렸다. 이런 상황적 요인은 암스트롱의 정신력보다 더 중요했다.

"인간의 본성은 바뀌지 않는 것 같아!"라고 생각하는 사람이 있다. 이렇게 생각하는 사람은 하나의 중요한 사실을 놓치고 있다. 그것은 그 사람이 처해있는 환경이 이전과 달라진 게 없다는 사실이다. 상황이나 환경이 바뀌지 않은 상태에서 인간의 마음은 바뀌기 어렵다.

우리 사회의 아동학대 문제를 줄여나가고자 한다면 어떤 방법이 효과적일까? 이에 대한 대답은 이제 어렵지 않을 것이다.

"아이의 권리와 인권 존중"이라는 값싼 슬로건으로 현혹하는 것이 아니라, 강력한 처벌이라고 하는 경고로 위협하는 것이 아니라, 또는 감시라고 하는 비인격적인 방법으로 통제하는 것이 아니라, 인간 마음의 움직임을 이해하고, 이를 바탕으로 다음과 같은 고민을 하는 게 훨씬 지혜롭다.

"어떻게 하면 아동학대가 발생하기 어려운 상황이나 환경을 만들 수가 있을까?"

아동 학대자의 마음에도 당신과 다름없이 선한 사마리아인이 살고 있음은 분명하다. 다만 우리가 그 모습을 볼 수 없는 것은 그에게 적절한 타이밍과 적절한 상황이 없었을 뿐이다. 다음 장에서는 이 문제에 대해서 이야기해 보자.

CHAPTER 02

학대가 발생하기 쉬운 상황

••• 스트레스를 받으면 도덕심을 상실하기 쉽다

"조부모의 사망은 학기말 때쯤 특히 많이 발생한다?"

이 황당한 이야기를 들어 본 적이 있는가? 그런데 이 주장은 전혀 근거가 없는 이야기가 아니다. '조부모 사망률이 학기말에 높아진다'는 이 희한한 현상을 이해하기 위해서는 (대학교) 학기말에는 어떤 일이 있는 시기인지를 알아야 한다. 이때는 기말시험이 있는 시기다.

그런데 이 시기가 다른 시기보다 조부모의 사망이 많이 발생하는 이유는 무엇일까? 조부모의 사망이 기말시험을 앞둔 일주일 전에, 대학원생들의 경우는 논문 제출 직전에 특히 집중적으로 일어난다는 것이다. 이 기이한 현상은 미국만이 아니라, 유럽 교수들도 경험하는 것으로 알려져 있다. 그런데 이런 현상이 학기마다 반복되면 교수로서는 이런 의문이 들 수밖에 없다. "도대체 기말시험에 가까워지면 왜 학생들의 조부모는 위험에

처하는 것일까?"

이 기이한 현상을 연구한 학자가 있다. 미국 이스턴 코네티컷 주립대학교 마이크 아담즈 교수[1]이다. 그는 학생의 시험과 조부모 사망과의 인과관계를 밝히기 위해 수년에 걸쳐 자료를 수집하고 분석해보았다. 분석결과, 할머니의 사망 확률이 평소보다 중간고사 전에는 10배, 기말고사 전에는 15배나 증가한다는 사실을 발견했다.

그리고 성적이 좋지 않은 학생은 성적이 좋은 학생에 비해 할머니가 사망하는 경우가 더 많았다. 또한 학사 경고를 받은 적이 있는 학생은 그렇지 않은 학생보다 할머니 사망률은 무려 50배나 높았다.

그렇다면 이런 현상을 어떻게 이해하면 될까?

두 가지 추론이 가능하다. 하나는 할머니의 지나친 손자 사랑의 결과물이라는 것이다. 즉 몸에 해가 될 정도로 시험을 앞둔 손자가 걱정이 되어 발생하는 현상이라는 것이다. 또 하나의 추론은 시험 때마다 할머니들의 사망률이 높은 게 아니라, 시험을 앞둔 학생이 시험에 대한 준비 부족으로 인한 곤란한 상황을 모면하기 위해 할머니를 이용한다는 것이다.

연구결과는 후자였다. 학생들은 시험 때가 되면 시험에 대한 부담감이나 시험공부로 인해 심신이 지쳐버리면서 도덕심이 해

이해져 버린 것이다. 이로 인해 할머니의 생명에 대한 경외심이 흐트러지면서 나타난 현상이었다. 스트레스와 도덕심의 관련성에 관한 논문들을 검토한 미국의 듀크 대학 댄 애리얼리 교수는 이런 결론을 내리고 있다.

"인간은 몸과 마음이 지쳐있으면 그 누구라도 자제력이 약해지고 욕구 억제가 힘들어지면서 도덕심이 상실되거나 불합리한 행동을 하기 쉬워진다."

••• 직무 피로도가 높은 사람은 위험하다

평소 직장 내에서 평판이 좋고 유능한 직원으로 평가받고 있던 사람이 어느 날 갑자기 말이나 행동이 거칠어지거나 직장을 그만두는 경우가 있다. 왜 그럴까? 이 모습은 감당하기 힘든 직무 피로도로 인해 심리적 에너지가 완전히 고갈되면서 폭발해버린 모습이다.

오늘날 전화상담원이나 호텔 종사자 등 서비스 직종의 사람들의 직무 피로도는 만만찮은 것으로 알려져 있다. 손님의 거친 말이나 무례한 행동에 화가 나지만 감정을 억누르고 손님에게 끝없이 부드러운 태도로 대해야 하는 사람들이 받는 스트레스는 만만찮다. 그런데 이런 상태가 지속되면 인간은 정상적인 사고나 행동이 힘들어진다.

“오늘도 너무 많은 업무로 힘들고 피곤해요. 아이들까지 아무리 말을 해도 말을 듣지 않고, 자기 마음대로 안 되면 드러눕기도 하고… 너무 힘들어요.”

오늘날 보육이나 교육현장에도 이런 직무 피로도를 느끼면서 일하는 교사들이 적지 않다. 유능한 교사라고 하는 것은 감정 억제를 잘해서 사람들로부터 인정받고 있는 모습이지만, 정작 본인은 자신의 솔직한 감정을 철저히 숨기고 있어 정신적 피로감으로 인한 스트레스를 상당히 받고 있는 상태이다. 인간으로서 자연스럽게 느낄 수 있는 부정적인 감정을 끝없이 억누르고, 동시에 과중한 업무에 쫓기는 상황에 있는 사람의 직무 피로도는 만만찮다. 이런 사람에게 성인군자다운 행동을 요구하는 것은 무리다.

그리고 이런 상태에 있는 사람에게 나타나는 문제가 또 하나 있다. 끝없이 감정을 억제하면서 열악한 노동조건에서 일하는 사람은 자신이 끝없이 피해를 보고 있다는 생각을 하기 쉽다. 이런 상태가 개선되지 않고 계속 이어지면 자신이 처한 이런 상황에 대한 한계 의식으로 무력감이나 고립무원의 감각으로 발전하게 된다. 이 감각은 나중에는 분노 반응을 일으킨다. 그런데 그 분노가 향하는 대상은 대개 힘없는 자(부하 직원, 노인이나 아이 등)이다.

이런 심리 현상은 교사의 경우도 마찬가지다. 아무리 성품이 훌륭한 교사라고 할지라도 끝없는 감정 통제와 과중한 업무로 인해 직무 피로도가 높게 되면 정신적인 에너지가 완전히 고갈되어 버린다. 그러면 상대방의 조그마한 섭섭한 행동도 자신에 대한 공격으로 오해하기 쉬워지고 분노나 공격적인 행동을 표출하기 쉬운 심적 상태가 되어버린다.

필자[2)]는 연구를 통해 이러한 사실을 확인했다. 교사들에게 이렇게 물어보았다. "말을 듣지 않는 아이의 행동을 어떻게 이해하고 있습니까?" 이 질문에 대한 대답은 교사의 직무 피로도에 따라 달랐다. 심신이 지쳐 있는 교사들은 '아이가 나를 무시하고 있다', '아이에게 바보 취급당하고 있다', '일부러 나를 힘들게 하려고 한다' 등 공격적인 행위로 생각하는 경향이 강했다. 그러나 심신 피로도가 낮은 교사들은 아이의 이런 행동을 단순히 발달과정에서 나타나는 일시적 행동으로 이해하고 있었다.

••• 욕구불만이 높으면 폭력적인 행위가 나타나기 쉽다

심리학의 고전적 이론을 하나 소개하자. "욕구불만−공격가설 이론"이다. 이 이론을 주장한 미국의 예일대학교 탈라드 박사 연구팀의 이야기는 이렇다.

"인간은 어떤 일을 향해 열심히 하려고 하지만, 방해물이 많거나 너무 간섭을 받거나 불합리한 요구를 받게 되면 공격적인 행동이 나타나기 쉽다."

욕구불만의 상태에 놓이게 되면 사소한 일에도 민감해지고 공격적인 반응을 보이기 쉬운 인간의 이런 심리는 특정 인간에게만 해당하는 이야기는 아니다. 일본 심리학자 나카타니 박사[3]는 이렇게 말하고 있다.

"육아로 인한 피로감이나 부담감 등으로 욕구불만의 상태가 높을수록 부모들은 아이의 사소한 행동도 부정적으로 인식하게 되면서 공격적 행동, 즉 학대행위로 발전할 가능성이 크다."

2020년 초에 발생한 세계적인 대유행 병, '코로나19'로 인해 세계 각국은 코로나 감염의 공포에 떨었다. 그러면서 사람들의 생활이 최대한 외출을 자제하고 집 안에만 머무는 방식으로 바뀌어버렸다. 당시 친구를 만나는 것도 놀러 다니는 것도 다들 두려워했다. 그런데 오직 집 안에서 생활해야 하는 단조로운 일상에서 하나의 심각한 사회적 문제가 발생하게 된다. 그것은 아동학대의 폭발적인 증가 현상이었다. 유럽의 경우는 코로나 이전 상황보다 아동학대가 무려 80~90%나 증가했다. 이런 폭발적인 아동학대 증가 현상은 유럽만이 아니라, 미국, 일본, 우리

나라도 마찬가지였다.

당신은 이런 의문을 가질지 모른다. "도대체 코로나19 전염병과 아동학대와는 무슨 상관이 있는가?" 상관이 있다. 밖으로 나가지도 못하고 온종일 집 안에 갇혀 아이를 돌봐야 하는 부모들의 육아 피로감은 모성애를 넘어서 버렸다. 육아 스트레스가 해소되지 않고 욕구불만의 상태가 지속되면 아무리 애정이 충만한 부모라고 할지라도 아이에게 이성적 대응은 쉽지 않다.

만일 직장 내의 괴롭힘이나 폭력이 일상적으로 일어나고 있는 직장이라고 한다면 당신은 그 직장에 대해 이렇게 생각하면 거의 정확한 분석이다. "이 직장 종업원들의 직무 피로도로 인한 욕구불만 상태가 매우 위험 수준이구나."

그렇다면 욕구불만의 상태가 지속되면 왜 폭력적 행동으로 발전하기 쉬운가? 그 이유는 인간의 자제력은 근력과도 같은 것이기 때문이다.

••• 피곤해져 버린 자제력

"인간의 자제력은 근력과도 같은 것이다."

이 주장을 한 사람은 미국의 사회심리학자, 로이 바우마이스터 박사[4)]이다. 그는 인간의 자제력을 신체 근력으로 비유하면서 자제력의 강도 모델을 제안하기도 했다. 그의 설명은 이렇다.

"신체 근력(筋力)은 면역력이나 체력 강화, 노화 방지 등 건강에 긍정적 효과가 있는 것은 사실이지만, 그 도가 지나치면 좋지 않은 것처럼 인간의 자제력도 마찬가지다. 어떤 유혹에도 넘어가지 않는 인간의 자제력은 성공적 미래를 위해 중요한 정신적 에너지가 될 수 있다. 그러나 그 속성은 근력과 같은 유한한 생물학적 자원과 같아서 너무 사용하게 되면 자아 소모 현상이 일어나 행동 억제나 감정 통제가 무너지면서 충동적 행동을 하기가 쉬워진다.

또한 인지면에서도 논리적 사고나 옳고 그름의 판단이 쉽지 않다. 특히 스트레스나 심신이 너무 지친 상태에 놓이게 되면 자제력의 소모가 많아 한정된 양밖에 존재하지 않는 자제력은 일정 크기 유지가 힘들어지면서 충동적 행동으로 나타나기 쉽다."

이런 문제는 실제 우리가 일상생활에서 흔히 경험하고 있는 일이기도 하다. 이러한 사실을 다음과 같은 방법으로 확인한 연구[5)]가 있다. 연구의 내용을 소개하자. 연구 방법은 이렇다. 먼저 실험 참가자들을 두 집단(A팀, B팀)으로 나누었다. 그리고 팀별로 다음과 같은 과제를 제시하였다. A팀에게는 두 자릿수의 숫자(예, 23)를, B팀에게는 일곱 자릿수의 숫자(예, 3572901)를 각각 암기하도록 하였다. 그리고 제시된 숫자를 나중에까지(실험자가 물어볼 때까지) 정확히 기억하고 있으면 보수가 제공되었다.

그런데 숫자가 제시되는 시간은 순간적이었다. 이 때문에 일곱 자릿수가 제시되는 B팀 사람들은 A팀보다 숫자 암기를 위한 노력이 더 요구되었다. 실험 과정에서 B팀의 이런 노력이 보였다. 그들은 긴 복도의 맨 끝방(실험자가 있는 방)까지 걸어가는 동안 끝없이 숫자를 입으로 중얼거리면서 걸어갔다. 그러나 A팀 사람들에게는 이런 모습이 보이지 않았다.

그런데 여기에 하나의 실험적 장치가 있었다. 복도 중간에 테이블이 있고, 그 위에는 두 종류의 보수(보수1 – 열량이 높은 블랙 초콜릿 케이크, 보수2 – 다양한 종류의 과일들)가 놓여 있었다. 실험 도우미는 테이블 옆을 지나가고 있는 실험 참가자를 잠시 세우고는 (테이블 위에 놓여 있는 보수를 가리키면서) 이렇게 물어보았다. "만일 당신이 실험자 앞에서 숫자 암기에 성공할 경우, 이 둘 중 어떤 보수를 받고 싶습니까?"

자~, 이들의 선택은?

지금 당장 입안의 달콤함을 느끼게 해주는 블랙 초콜릿 케이크? 아니면 달콤하지는 않지만, 건강에는 좋은 과일? 흥미로운 결과가 나왔다. 과제의 난이도에 따라 이들의 선택이 달랐다. A팀 사람들은 대부분 자신의 몸을 생각하여 과일을 선택하였다. 그러나 일곱 자리 숫자를 기억해야 하는 B팀 사람들은 초콜릿 케이크를 선택하는 사람이 많았다.

머리가 복잡해진 B팀 사람들은 충동 시스템이 작동하면서 건강에 도움이 되는 과일보다는 지금 당장 입 안을 달콤하게 해주는 초콜릿의 유혹에 넘어가 버린 것이다. 초콜릿 케이크를 선택해버린 B팀 사람들은 평소 건강을 생각하지 않는 사람들은 아니었다. 다만 이들은 당시 머리가 너무 복잡해서 자제력이 약해지면서 충동적인 선택을 해버린 것이다. 연구팀은 이런 실험 결과를 통해 다음과 같은 결론을 내리게 된다.

"인간은 심신이 피곤하면 자제력이 약해지면서 충동적 시스템이 작동하기 쉽다."

••• 누구라도 아동 학대자가 되는 것은 아니지만

아무리 강력한 처벌을 한다고 위협할지라도, 당신의 행동을 감시하고 있다고 압박할지라도, '아동권리와 인권 존중'의 가치를 교육할지라도 아동학대가 사라지지 않는 이유가 무엇일까?

우리는 인간이기 때문이다.

인간의 자제력은 근력과도 같아서 한계가 있다. 당신도 인간이기 때문에 당신의 자제력도 한정된 양밖에 존재하지 않는다.

때문에 당신도 스트레스나 욕구불만으로 자제력의 일정 크기의 유지가 힘들어지면 충동적 행동을 할 수밖에 없다.

그렇다고 한다면 이제 아동학대 예방을 위한 효과적인 전략을 하나 제안할 수 있을 것이다. 그것은 그 사람의 자제력이 제대로 기능할 수 있는 상황이나 환경을 제공하는 것이다. 이 방법은 다른 어떤 방법보다 지혜롭다. 미국의 심리학자, 리차드 탈러와 캐스 선스타인 박사의 저서 『실천행동경제학6)』에 이런 이야기가 나온다.

"우리가 상대방의 행동 변화를 기대할 수 없는 이유는 그 사람이 처한 상황이나 환경에 대한 분석을 게을리해서 그 사람의 행동 원인에 대한 해석에 오류가 있기 때문이다. 그러므로 만일 상대방의 행동을 바꾸고 싶다면 자기 생각에 머물지 말고, 그 사람이 처한 상황이 바뀔 수 있도록 해야 한다."

인간의 행동을 환경과의 관계 속에서 설명한 러시아 출신의 미국의 발달심리학자 브론펜브레너 박사7)도 이런 말을 했다.

"우리는 언제나 하나의 행위에 의한 결과에만 주목할 뿐이다. 그 행위가 발생한 상황에 대한 문맥을 이해하지 않으면 그릇된 판단을 하게 되면서 결과적으로 문제해결보다는 문제를 더욱 악화시켜버리는 어리석음을 범하게 된다."

아동 학대자를 비난하거나 강력한 처벌을 해야 한다고 목에 핏대를 세우는 사람의 자제력의 크기도 아동 학대자와 크게 다르지 않다. 다만 이 둘의 차이는 환경과 상황의 차이만 있을 뿐이다.

이제 본 장의 결론은 그렇게 어렵지 않은 것 같다. 일본 국립 정신 신경 의료센터의 마쓰모토 박사의 이야기를 빌려서 결론을 내리면 이렇다.

"누구라도 그렇게 되는 것은 아니지만, 누구라도 그렇게 되는 것은 절대 이상하지 않다."

CHAPTER 03

학대 예방의 특효약은 '여유'이다!

··· 학대 예방 선진국에서 왜 학대가 많이 발생하는가?

학대 예방책의 선진국이라고 하면 대표적으로 미국을 꼽는다. 하지만 앞에서 언급하였듯이(제5부 제1장 아동학대 예방 교육은 학대 방지에 도움이 되는가?) 미국의 성적은 초라하다. 미국은 세계 어느 나라보다도 부모에 의한 아동학대가 많이 발생하고 있는 나라이다. 전문가들은 그 이유를 부모 문제보다는 미국 사회가 안고 있는 빈곤의 격차에서 찾고 있다. 일본의 아동정신과 의사 타키가와 박사[1]는 학대 부모들을 대상으로 심리치료하면서 내린 결론은 이렇다.

"빈곤이나 빈부의 격차를 일정 이상 해소하기 위한 정치적, 경제적 대책 없이는 어떤 선진적인 학대 예방책도 뜨거운 돌에 부어대는 물에 지나지 않는다."

유니세프 조사보고서[2]도 똑같은 이야기를 하고 있다. 보고서에 따르면 연봉 1만5천 달러 미만 가정에서의 아동학대 발생률은 아동 1,000명당 11명으로 상당히 높았지만, 연봉 3만 달러 이상이 되면 아동학대 발생률이 0.7명으로 급격히 감소하였다.

국민의 평균 소득액으로 따지면 미국은 다른 나라에 비해 높다. 그러나 빈부격차의 지표가 되는 상대적 빈곤율을 따져보면 미국은 2000년도 기준으로 멕시코에 이어 세계 2위다(2018년 기준에서 보면 OECD 국가 중 미국은 코스타리카에 이어 2위다). 그래서 학자들은 미국의 아동학대 문제는 빈곤이나 빈부격차의 문제를 일정 이상 해소하지 않는 한, 어떤 선진적인 학대 예방책도 별 의미가 없다고 주장하고 있다. 그렇다면 여기에 이런 의문이 생긴다.

"돈이 없는 부모일수록 아이를 많이 학대한다는 이야기인가?"

이 질문에 대한 답을 찾기 위해서 '학대가 발생하는 가정'과 '그렇지 않은 가정'을 들여다볼 필요가 있다. 연구자들은 이 두 부류의 가정들을 찾아다니며 그 가정의 형편과 양육 방식을 들여다보았다. 몇 가지 차이점이 발견되었다.

학대 가정은 대부분 빈곤했다. 그리고 양육 방식에도 차이가 보였다. 부유한 가정의 부모가 자녀에게 향하는 언어는 지시나 금지 언어보다 아이의 자기 판단이나 선택의 기회를 제공하는 존중의 언어를 많이 사용하고 있었다. 그러나 빈곤 가정의 부모들은 그렇지 못했다. 자녀에게 향하는 그들의 언어에는 금지나 명령 언어가 많았다.

그렇다면 이런 양육 방식의 차이는 왜 발생하는 것일까? 이에 대한 전문가들의 분석은 이렇다.

그것은 '여유'의 차이였다.

즉 여유의 차이가 양육 방식의 차이를 만든 것이다. 빈곤층의 부모들은 하루하루의 삶에 지쳐있었고, 자녀의 이야기를 들어주거나 함께하는 여유가 없었다. 그들에게는 자녀의 웃는 얼굴을 바라보면서도 미소 지을 만한 마음의 여유가 없었다.

그러나 경제적으로 부유한 가정의 부모는 그렇지 않았다. 자녀의 이야기를 들어주는 여유가 있었다. 자녀와 함께하는 시간도 많았다. 그들의 여유는 언어에도 나타났던 것이다.

미국의 저명한 교육학자 '파울 후레일'은 브라질에서 부모를 대상으로 한 강연에서 평생 잊을 수 없는 경험을 하게 된다. 평생 잊을 수 없는 경험이란, 강연이 끝날 때쯤에 있었던 한 부모로부터의 소감이다. 후레일 박사는 이날 강연에서 부모들에게 피아제의 '인지발달 이론'을 소개하면서 "아이들에게 체벌해서는 안 된다"는 설명을 해나갔다. 그의 강연 내용[3)]을 간략하게 요약하면 이렇다.

"체벌이나 꾸중은 부모의 권위에 바탕을 두고 있으며, 이로 인해 아이에게 타율적 도덕관이 형성될 수 있다. 그래서 아이들은 부모의 꾸중이나 체벌이 무서워서 나쁜 짓을 하지 않게 된다. 그러나 바람직한 도덕관은 부모의 체벌이 무서워서가 아니라, 아이가 주체적 판단으로 올바른 행동을 할 수 있도록 해야 한다. 그러려면 아이가 나쁜 짓을 하더라도 체벌이나 꾸중을 통해서 지도하는 것이 아니라, 왜 그런 나쁜 행동을 했는지, 충분히 애정을 갖고 아이와 대화하는 것이 중요하다."

이날 후레일은 그 유명한 피아제 이론을 근거로 자신이 생각하는 바람직한 육아법을 설명해 나갔지만, 부모들에게는 뭔가 자신의 이야기가 제대로 전달되지 않고 있음을 직감하게 된다. 강연이 마무리에 접어들었을 때쯤, 한 부모로부터의 소감을 통해 그 직감이 사실임을 깨닫게 된다. 그 부모의 소감 이야기는 이렇다.

> 저희 모두는 선생님의 이야기를 잘 알아들었다고 생각합니다. 선생님의 강의는 명료했고 이해하기 쉬웠습니다. 하지만 저희 마음은 선생님이 우리를 이해해 주기를 바라는 마음입니다. 저는 이것이 중요하다고 생각합니다. 물론 선생님의 이야기는 맞습니다. 정말 유익한 내용이었습니다. 이야기 일부는 저희도 알고 있는 것이어서 이해하기 쉬웠습니다. 물론 조금 이해하기 어려웠던 내용도 있었지만, 전체적으로 말씀하시고자 하는 내용의 핵심은 알 수 있었습니다. 그런데 제가 손을 든 이유는 선

생님께 오늘 강연에 대한 저의 감상을 말씀드리고 싶었습니다. 아마 저의 이런 생각은 다른 분들도 크게 다르지 않다고 생각합니다.

선생님! 선생님은 저희가 어떤 곳에서 살고 있는지 알고 계십니까? 저희가 사는 곳을 방문해보신 적이 있습니까? (그녀는 종이에 자신이 사는 집의 구조를 그리면서) 방이 없습니다. 몸을 낮추고 웅크려 앉아야 할 정도의 좁은 공간이 있을 뿐, 최저 생활도 유지하기도 힘든 상황입니다. 지친 몸을 이끌고 집에 돌아와도 밝은 내일을 꿈꾸면서 잘 수 없는 곳에서 살고 있습니다. 행복이라고 하는 단어, 희망을 품는다는 것, 그런 것은 우리에겐 금지된 언어입니다.

선생님, 저는 선생님의 집을 방문한 적이 있습니다. 선생님 집이 아직도 저의 머릿속에 선명하게 기억으로 남아있습니다. 선생님 집은 단독주택이었죠. 정원이 있는 주택이었습니다. 아마 선생님만의 방도 따로 있겠죠. 그리고 넓은 거실과 세 자녀를 위한 방, 자녀 한 명 한 명을 위한 방들이 있더군요. 샤워실도 있고, 아마 따뜻한 물도 나오겠죠. 부엌에는 아놀 브랜드의 전기제품들, 그리고 선생님의 집을 관리해주는 일꾼의 방도 따로 있겠죠. 아마 그 사람의 방은 자녀들의 방보다는 좀 좁겠죠. 정원은 영국풍으로 아름답게 꾸며져 있더군요. 어떻습니까? 선생님, 우리와는 정말 다르죠?

선생님도 피곤하신 몸을 이끌고 집에 돌아오시죠. 일하시면서 상당히 머리를 많이 사용하실 것입니다. 생각하시고, 글을 쓰시고, 책을 읽으시고, 오늘 강연도 준비하시느라 힘드셨겠죠. 선생님도 저희처럼 상당히 힘든 나날을 보내고 계신다고 생각합니다.

하지만 선생님은 피곤해서 집으로 들어오시면 깨끗이 샤워를 하고 깔끔한 차림새를 한 자녀들이 기다리고 있겠죠. 아마 배고픔도 모르고 잘 자란 자녀분들일 것입니다. 우리 집에 들어가면 저희를 맞이하는 아이들은 지저분하고 굶주림에 지쳐있습니다. 이들은 집에서 쉴 새 없이 떠들며 소란을 피웁니다. 저희는 일터로 나가기 위해 새벽 4시가 되면 눈을 떠야 합니다. 그리고 힘들고 슬프고 희망 없는 하루를 매일매일 반복하면서 살아가야만 합니다.

저희는 아이를 때렸다고 할지라도, 설령 때리는 정도가 도를 넘어섰다고 할지라도 그것은 우리가 아이를 사랑하지 않기 때문에 그렇게 하는 것은 아닙니다. 우리의 생활이 너무 가혹해서 어떻게 할 수가 없습니다.

후레일 교수는 이날 뭔가 뒤통수를 한 대 호되게 얻어맞은 느낌을 받게 된다. 그는 자신의 강연이 이들의 상황에서는 아무런 의미가 없음을 깨닫게 된다. 새벽부터 일터에 나가서 밤이 되어서야 지친 몸으로 집으로 돌아와 아이를 돌봐야 하는 이들의 상황에서는 후레일 교수의 이야기는 마치 동화 속의 이야기처럼 들렸던 것 같다.

아마 이 부모는 나도 당신과 같은 여유 있는 가정에서 아이를 양육한다면 아이가 말을 듣지 않거나 보챈다고 할지라도 당신의 조언대로 아이에게 소리 지르거나 때리지는 않을 것이라고 말하고 싶었던 것 같다.

필자의 학교 강의도 현직 교사들에게는 이런 느낌일 것이다. "교수님, 당신의 말은 맞는 말입니다. 나도 그렇게 하고 싶고, 또 그렇게 해야 한다는 것도 잘 알고 있습니다. 그러나 현실은 여유가 없어 그게 쉽지 않은걸요."

그동안 필자가 어린이집 교사들과 나눈 이야기를 부모와 교사의 대화 형식으로 재구성해보면 이렇다(편의상 부모는 M, 교사는 T).

T: (웃으면서) 안녕하세요.

M: 애들 때문에 수고 많으시죠. 요즘 우리 애는 너무 말을 안 들어요. 말 안 듣는 미운 세 살이라서 그런지…. 어린이집

에서는 어때요?

T: 괜찮아요(웃음). 친구들하고도 잘 놀아요.

M: 아~ 그래요? 집에서와는 아주 다르네요. 고집이 얼마나 센지…. 저는 한 명 돌보기도 너무 힘든데, 선생님은 괜찮으세요?

T: 이해해 주시니 감사합니다. 저희는 온종일 많은 아이들을 돌봐야 하니 체력적으로 많이 힘드네요. 일을 해보니 교사는 무엇보다도 체력이 가장 중요한 것 같아요(웃음).

M: 아니, 낮잠 시간이나 쉬는 시간이 있잖아요? 그때 쉬시면 되잖아요?

T: 물론 있긴 하죠. 하지만 우리 반은 유아라서 낮잠 시간 없어요. 근데 낮잠 시간이 있어도 쉴 수 없어요. 그 시간에 관찰일지도 써야 하고 바빠요.
그런데 어머님께 물어보고 싶은 게 하나 있어요. (웃으면서) 어머님은 아이의 일과에 대해서 일지라는 걸 쓰시나요? 그걸 써서 남편에게 보고하시거나 안 쓰면 혼나시나요?

M: (웃으면서) 뭘 그런 농담을…. 그리고 아니 애 한 명 돌보는 것도 힘든데 무슨 일지까지…. 그럴 시간 없어요.

T: 우리는 그걸 다 써야 해요. 그날 아이가 어떤 놀이를 했는지, 모두 다 기록으로 남겨놔야 해요. 안 하면 큰일 나요.

M: 와~ 힘들겠다! 그 많은 아이를 돌보면서 보육 내용을 매일매일 기록해서 남겨야 한다니.

T: 그것만 하면 다행이게요. 매일 수업도 해야 하고, 아이들 노는 모습이나 활동하는 모습을 한 명 한 명 사진으로 찍어서 활동했다는 걸 증거로 남겨두어야 하고…. 하루하루가 정신이 없어요.

M: 선생님은 결혼 언제 하세요?

T: 저, 아직 남자 친구 없어요. 남자를 볼 시간이 없어요. 어린이집은 거의 여자 선생님들밖에 없잖아요. (웃으면서) 남자 좀 소개해 주세요. 주말에도 바쁘긴 하지만….

M: 주말엔 쉬지 않나요?

T: 아뇨. 주말도 쉬기 어려워요. 밀린 일지도 써야 하고, 수업이나 행사 준비도 해야죠. 우리 동네 조용한 커피집이 있는데 이제 거기가 주말 일터가 되어버렸어요. 아~ 참, 그리고 다음 주부턴 어린이집에서 밤늦게까지 일을 해야 해요. 철야를 해야 해요.

M: 왜요?

T: 나라에서 평가하러 와요. 3년마다 받아야 해요. 점수가 나쁘면 큰일 나요.

M: 그게 뭔데요?

T: 암튼 머리 엄청 아파요. 그거 한 번 받으면 우리 교사들 초주검이에요. 그래서 그거 받기 싫어서 교사 그만두거나 다른 어린이집으로 옮기는 사람도 있어요. 저 내년에는 교사 그만두려고요.

M: 왜요? 월급이 선생님 나이에 나쁘지 않잖아요? 요즘 취업도 잘 안 될 텐데…. 교사 그만두고 뭐하시려고요?

T: 그냥 쉬고 싶어요. 몸도 힘들고 마음도 힘들고, 그냥 쉬고 싶어요. 그동안 너무 긴장된 하루하루를 보냈던 거 같아요. 아이들이 다치면 우린 끝장이에요. 아이들이 가만히 있지 않잖아요? 끝없이 움직이잖아요? 친구와 다투기도 하고 넘어지기도 하고…. 항상 마음 조마조마하면서 하루를 보내고 있어요. 하루하루가 너무 긴장돼요.

M: 우리 어릴 때는 놀다 보면 다치기도 하고 다치면서 놀았는데….

T: 안 돼요. 절대 안 돼요. 어떤 이유에서든 모두 100% 교사 책임이에요. 백 번 잘해도 한 번 잘못하면 끝장나니까 심적으로 너무 힘들어요. 이제까지 열심히 한 거 아무 소용없어요. 아이가 놀다가 다쳤는데도 무조건 교사 책임으로 돌리다 보니, 아이의 안전에 너무 신경이 쓰여요. 어떤 교사는 아동 방임으로 고소당하는 걸 보면서 저는 이렇게

생각했어요. '이 직업은 절대 오래 할 일이 아니다.' 뉴스 한번 보세요. 어린이집이나 유치원에서 아동학대 사건 하나 터지면 연일 방송하잖아요. 뉴스를 들을 때마다 이 일에 대한 자괴감이 들어요. 대부분 선생님들은 절대 그렇게 하지 않아요. 하지만 방송에서 그렇게 한 번 보도하면 사람들은 우리를 이상하게 보잖아요.

M: 음….

T: 저는 아이를 학대하지는 않지만, 그리고 절대 학대해서는 안 된다고는 생각합니다만…. 그런데 어머니께는 이런 말을 해서 죄송합니다만, TV 뉴스에 나오는 학대 교사의 마음은 충분히 이해가 돼요.

M: (두 눈을 크게 뜨고는) 아니, 학대하는 교사의 마음이 이해가 된다니? 이해할 수 없군요.

T: 어머님은 저를 이상한 사람으로 보시는지는 모르겠지만, 이건 말로는 설명 못 해요. 딱 하루만 어린이집에서 많은 아이들과 온종일 있어 보시면, 아마 조금은 교사들의 마음은 이해되실 것 같아요.

M: 그렇게 힘들어요?

T: 어린이집에는 이런 우스개 이야기가 있어요. (웃으면서) 우리나라 어린이집에는 국방부를 제외하고 모든 행정기관에서 나온다는 이야기가 있어요. 이런 현실인데 어떻게 아이

들 한 명 한 명과 웃으면서 재미있게 지낼 수 있겠어요? 저는 처음에는 다른 선생님들처럼 아이들이 너무 좋아서 아이 관련 학과를 지원해서 이렇게 교사가 되었어요. 근데 현장은 제가 생각하는 그런 데가 아니었어요. 이 일은 아이를 사랑하는 마음만으로는 절대 할 수 없는 일이에요.

M: (고개를 숙이며 깊은 생각에 잠긴 듯) 음….

T: 근데 어머니에게 하나 궁금한 게 있어요.

M: 뭔데요?

T: 어머님들은 아이가 잘못하면 혼내잖아요?

M: 잘못하면 혼내서라도 가르쳐야죠.

T: 우리는 혼내면 안 돼요. 잘못하면 아동학대로 오해받을 수 있기 때문에요. 원장 선생님은 우리에게 이렇게 말해요. 만일 혼내고 싶으면 CCTV가 확실하게 보고 있는 앞에서 혼내라고요. 완전 코미디잖아요(웃음). 그러니까 아예 학대로 오해받을 만한 행동은 절대 하지 말라는 거죠. 뭐~ 아이가 잘못해도 지적하거나 혼내지 말라는 이야기죠. 더 마음 아픈 것은 애들이 너무 귀엽잖아요. 그런데 안아주고 싶어도 신체적 접촉도 최대한 피해라고 해요. 안타깝지만 학대로 오해받을 수 있어서요. 마음 아파요.

••• 여유를 허락하지 않는 현실

학교 잡무로 여유를 상실한 교수에게 좋은 수업이나 연구를 기대하기는 어렵다. 쉼도 없이 기계처럼 일만 해야 하는 노동자가 만든 제품은 불량 제품이 나올 확률이 높다. 그렇다면 아이와 함께 하는 교사들의 여유 상실로 인한 결과물은? 그 피해는 아이들이 고스란히 떠안을 수밖에 없다.

선생님들은 알고 있다. 아이의 미소가 얼마나 아름다운 것인지, 하루하루가 다르게 성장하는 아이들의 변화를 보면서 느끼는 보람이 얼마나 고귀한 것인지…. 다만 교사들은 그것을 느낄 만한 여유가 없는 것이다. 아이 모습의 아름다움과 아이와 함께 하는 시간의 고귀함을 느낄 수 없는 상황에 있는 교사들에게 보육이나 교육의 정론은 완전히 무의미하다.

앞에서 언급되었던 "빈부의 격차가 아동학대에 영향을 미쳤다"는 연구가 말하고 싶었던 이야기도 결국 이런 것이었다.

그것은 "돈이 있고, 없음"의 문제가 아니라, "여유가 있고, 없음"의 문제였다.

이렇게 보면 아동학대 예방에는 부모나 교사의 '여유'만큼 좋은 특효약은 없는 것 같다. 아무리 달래도 아이가 계속 울지라도, 아무리 말을 해도 아이가 말을 들으려고 하지 않을지라도 여유가 있는 부모나 교사라면 인내심을 갖고 대응할 수 있다.

그러나 만일 여유가 없다면, 그리고 여기에 여러 안 좋은 상황이 겹친다면 아무리 훌륭한 인격의 소유자라고 할지라도 완벽한 자제력으로 프로그래밍이 된 AI 인간이 아니고서는 아이에게 차분한 대응을 하기가 쉽지 않다.

이제 본 장에서 아동학대 예방 특효약에 대한 고민의 해결책을 또 하나 어렵지 않게 제안할 수 있을 것 같다. 그것은 양육자나 교육자에게 어떻게 하면 '여유'라고 하는 마음의 자양분을 제공할 수 있을 것인가에 초점이 맞춰져야 한다는 것이다.

보육이나 교육현장의 경우는 '여유'라고 하는 자양분이 교사의 마음 밭에 스며들기 위해서는 아이의 행복과 관계없는 일거리를 최대한 줄이는 근무 환경의 조성이 매우 중요하다. 그러기 위해서는 **"일과의 단순화"**와 **"서류 작업의 간소화"**를 위한 노력은 필수적이다.

그리고 여기에 또 하나 필수적인 요소가 있다. 그것은 **"외부 개입의 최소화"**이다. 아동학대에 대한 우리의 탄식을 잠재우고 싶다면 미국의 사회학자 엘리 러셀 혹실드 박사[4)]의 다음 이야기에 귀 기울여야 한다.

"어떤 직장이든지, 그리고 사무직 노동자나 생산직 노동자이든지 일의 페이스를 외부의 개입 없이 비교적 자신이 조절하기 쉬운 근무환경에서 일하는 사람들은 심리적 스트레스가 적어서 번아웃도 되기 어렵다는 사실은 연구의 세계에서는 극히 평범한 이야기이다."

세계적으로 '교육의 모델 국가'라고 하면 교육학자들은 누구나 핀란드를 머리에 떠올린다. 핀란드 교육부 장관은 외부 개입의 위험성을 이렇게 경고하고 있다.

"배운다는 것은 매우 정교하고 개인적이며, 또한 상당히 복잡한 일입니다. 우리는 이런 교육의 본질에 근거하여 많은 권한을 각 현장에 맡겼습니다. 국가가 교육에 방해돼서는 안 된다고 생각합니다. 만일 국가가 엄격하게 관리하면 교사의 의욕이 저하되고 여유가 상실되면서 결국 무엇이든 실패로 끝나버리게 될 것입니다."

"일과의 단순화"와 **"서류 작업의 간소화"**, 그리고 **"외부 개입의 최소화"**가 생산하는 매력적인 결과물은 '여유'이다.

CHAPTER 04

우리 모두가 승리자가 되는 비법

··· 절망 가운데서도 포기하지 않는 인간의 존엄

1945년 8월 6일과 9일, 미국은 제2차 세계대전을 종식시키기 위한 결정타로 일본 히로시마와 나가사키에 원자폭탄을 투하했다. 당시 나가사키 지역은 일본의 다른 어느 지역보다 기독교인들이 많이 살고 있었다. 하지만 이들도 죽음의 어두운 그림자를 피해 가지 못했다. 그런데 살아남은 기독교인들은 매일 저녁 교회에 가서 자신의 가족에게 죽음을 가져다준 하나님께 기도를 드렸다. 당시 이 모습을 본 미국의 종군 기자는 이렇게 말했다.

"어떻게 자신의 가족에게 죽음을 가져다준 비정한 신에게 애정을 갖고 기도할 수 있는가?"

그러나 종군 기자는 곧 자신의 의문에 대한 답을 찾으면서 이렇게 말한다.

"그들의 기도는 원자폭탄을 떨어트린 사람을 포함해서 인간이 저지른 죄에 대해 사죄하는 기도가 아니었겠는가? 그리고 모든 걸 잃어버린 최후의 순간에도 자신의 존엄을 잃지 않으려는 인간의 모습이 아닌가."

··· 존엄이 현실이 되었을 때

1970년 후반 미국 캘리포니아 GM 자동차 회사에 있었던 이야기[1] 하나를 소개하자. 당시 GM 공장은 판매 실적의 저조로 인한 경영 악화로 곤경에 처해있었다. 게다가 오랫동안 회사 측과 노동조합 측 간의 갈등과 대립도 만만찮았다. 캘리포니아 GM 노동자들은 회사 측이 자신들을 돈만 밝히는 '머리가 나쁜 바보'로 본다고 인식하고 있었다. 그러면서 회사 경영자에 대한 불신으로 가득했다. 노동자들에게는 어떤 권한도 주어지지 않았고, 그들은 상부에서 시키는 대로 일을 해야만 했다. 이들은 자신이 맡은 일이 자동차 생산 시스템 가운데 어디에 속하는지도 모른 채 하루하루 톱니바퀴 돌아가듯 일을 하면서, 그 대가로 월급과 보너스를 받고 생계를 유지하고 있었다.

그러다 보니 캘리포니아 GM 노동자들은 정말 경영자가 생각하는 인간(돈만 생각하는 바보)이 되어 가고 있었다. 무단결근이 횡행하고, 주차장에는 빈 맥주 캔들이 여기저기 어지럽게 버려져 있었다. 공장 내에서 마약이나 섹스를 하는 등, 회사의 규범이나 질서가 사라졌다. 그러다 보니 여기서 생산된 차는 다른 공장에서 만들어진 차보다 결함이 많았다. 결국, GM은 공장을 폐쇄하기에 이른다. 이후 GM은 일본의 도요타(자동차 회사) 경영방식을 배우기 위해 도요타와 자동차 제조회사 'NUMMI'를 설립한다. 그러면서 이후 도요타가 회사경영에 개입하게 된다.

그런데 도요타의 경영자는 GM 경영자가 '돈만 밝히는 바보'라고 했던 전직 노동자 90% 이상을 그대로 재고용한다. 그러나 경영방식은 GM 전임자와는 완전히 달랐다. 그 방법은 이러했다. 모든 노동자에게 생산 라인 전체 시스템을 교육하고 그들에게 시스템 조작의 권한을 주었다. 필요하다면 생산 라인을 중단할 수 있는 권한까지 부여하였다.

이처럼 교육과 운영 시스템 전환을 통해 노동자들이 각자 자기 일에 대해 자부심이나 긍지를 느끼도록 해주었다. 물론 급료도 인상하였다. 이런 경영방식은 이후 놀라운 성과를 거두게 된다. 1년 만에 완전한 회복, 즉 적자 운영에서 흑자 운영으로 전환하게 된다.

1년 전의 노동자와 지금의 노동자는 그대로인데, 어떻게 이런 놀라운 변화가? 도대체 그 비결은? 자동차 업계의 분석가, 메리앤 켈러[2)]는 그 비결을 이렇게 설명하고 있다.

"비결은 하나도 없다. 예부터 변하지 않는 방법만 있을 뿐이다. 그것은 사무 노동자나 생산 노동자나 관계없이 모두 경의를 갖고 대하며 그들의 생각을 존중하는 것이다. 그들의 자발적 결정권을 부여하여 의미 있는 일을 자신이 하고 있다는 실감을 느끼게 하는 것이다."

미국의 심리학자 로버트 서튼 박사는 그의 저서[3]에서 이렇게 말하고 있다.

"조직에 대한 정열과 헌신, 그리고 소속의식이라고 하는 것이 중요하다는 것은 두말할 나위도 없는 옳은 말이다. 그런데 이것은 어디까지나 자신이 만족할 만한 일을 한다고 하는 의식, 그리고 사람들이 자신에 대해 존엄과 경의를 갖고 바라보고 있는 직장에서 일할 경우라고 하는 전제조건이 있을 때의 이야기다."

••• 존엄 상실과 아동학대

인간에게 존엄이 상실되었을 때 어떤 문제가 나타날까? 본 장에서는 이 문제를 아동학대와 관련해서 생각해 보자. 자신의 존엄에 대한 인식과 아동학대 문제는 깊은 관련이 있다. 아동학대 연구들[4][5]은 하나 같이 학대자의 모습을 이렇게 전하고 있다.

"아동학대를 하는 행위는 죄(罪)라는 개념으로 보기보다는 자기 존중감을 소유하는 능력을 상실한 인간의 모습으로 보는 게 더 올바른 이해라고 할 수 있다. 그들은 이제까지 살아오면서 자기 자신을 소중히 여겨야 한다는 것을 그 누구로부터도 경험하지도 느껴보지도 못한 사람이다."

자신의 존엄을 상실한 자가 아동학대의 위험성이 높다? 도대체 그 이유가 뭘까? 그 이유는 이렇다. 자신에 대한 존엄 인식이 낮은 사람은 일반적으로 **'자신의 판단 기준'** 보다 **'사회적 판단 기준'** 을 더 중요하게 생각한다. 부모를 예로 들어 설명해 보자.

자기 존중감이 낮은 부모는 양육이나 교육에 대한 자신의 신념보다는 사회가 기대하는 '바람직한 부모의 모습', 즉 "자녀에게 훌륭한 부모는 자녀를 위해 항상 희생하는 부모"라고 하는 통념에 구속받기 쉽다. 그러면 이 사회적 통념이 육아나 교육에 있어 하나의 규범, 즉 육아(또는 교육) 지침서가 되어 자신의 마음을 지배하게 된다.

그러면 예를 들어, "자녀 양육(교육)은 완벽하지 않아도 된다", "부모 점수는 100점이 아니어도 된다"라는 자신의 신념을 갖기 힘들어진다. 이런 부모는 자녀 양육의 모든 책임은 자기 자신에게 있다는 의식을 갖게 되면서 마치 전사(戰士)와 같은 모습으로 변신하여 자녀 양육에 전력투구한다.

이런 부모는 아이에게 위험하다. 그 이유는 자신의 모든 것을 희생하며 전력투구한 부모는 양육의 아름다운 결과물을 기대하기 때문이다. 그런데 그 결과물이 아름답지 못하면 부모는 자책한다. 그러면서 동시에 자신의 기대와는 다른 모습을 보이는 자녀에 대해 분노의 감정을 느끼게 된다. 이런 부모는 다른 사람들의 눈에 드러나지 않게 아이를 물리적으로 통제하기 시작한다. 그러면서 발생하기 쉬운 문제가 '학대'라는 행위이다.

그러나 자신에 대해 존엄을 느끼고 있는 부모는 다르다. 안정적인 자기 존중감을 소유하고 있는 부모는 '바람직한 부모'라고 하는 사회적 통념이나 판단 기준에 얽매이지 않는다. 나름대로의 소신이나 신념을 갖고 자녀를 양육한다. 자녀 양육도 중요하지만, 자기 자신만을 위한 시간도 중요하다고 생각한다.

이런 부모들은 혼자서 양육하기 힘들면 사회적 인적 자원을 최대한 활용한다. 친정이나 시댁에 도움을 청해보기도 하고, 경제력을 동원해서 육아 도우미를 고용하기도 한다. 아니면 아직 아이가 어리지만 어린이집에 맡기는 등, 주위에 도움의 손길을 찾으면서 나름대로 지혜롭게 문제를 풀어나간다.

만일 아이가 자신의 기대와는 다르게 행동하거나 성장해 주지 않으면 사람들과 이야기를 나누어본다든지, 행정기관의 복지제도를 이용하거나 아동 상담 전문가를 찾아서 도움을 받기도 한다.

한마디로 '고독한 육아'를 하지 않는다.

아동학대 예방에는 자녀 문제는 모두 부모의 책임이라고 하는 사회적 통념에 얽매지 않는 의식이 중요하다. 그러나 학대 부모는 이런 통념을 벗어던지기가 쉽지 않다. 그 이유는 자신의 낮은 자존감 때문이다. 낮은 자존감 때문에 사회적 규범을 던져 버리는 게 쉽지 않다. 이렇게 보면 이런 이야기가 가능해진다.

"아동학대 부모들은 사회적 규범을 지키지 않는 사람이 아니라, 사회적 규범에서 벗어나기 어려운 사람들이다."

이제 본 장도 아동학대 예방을 위한 또 하나의 방법을 다음과 같이 어렵지 않게 제안할 수 있을 것 같다. 우리 사회의 아동학대를 줄이고 싶다면 아이와 함께하는 자들(부모나 교사)이 자기 자신에 대해서, 그리고 자신의 일에 대해서 존중의 체험, 즉 자부심과 긍지를 느낄 수 있도록 도와주는 게 훨씬 효과적이다. 그러면 "우리 모두가 승리자가 될 수 있다." 본 장을 다음 이야기로 끝을 맺고자 한다.

"상대방에 대한 존엄을 인식할 수 있는 능력은 인간이 가진 가장 위대한 능력이다. 그 능력을 당신이 발휘한다면 상대방은 행복해할 것이다. 당연히 당신도 행복해질 것이다."

종결편

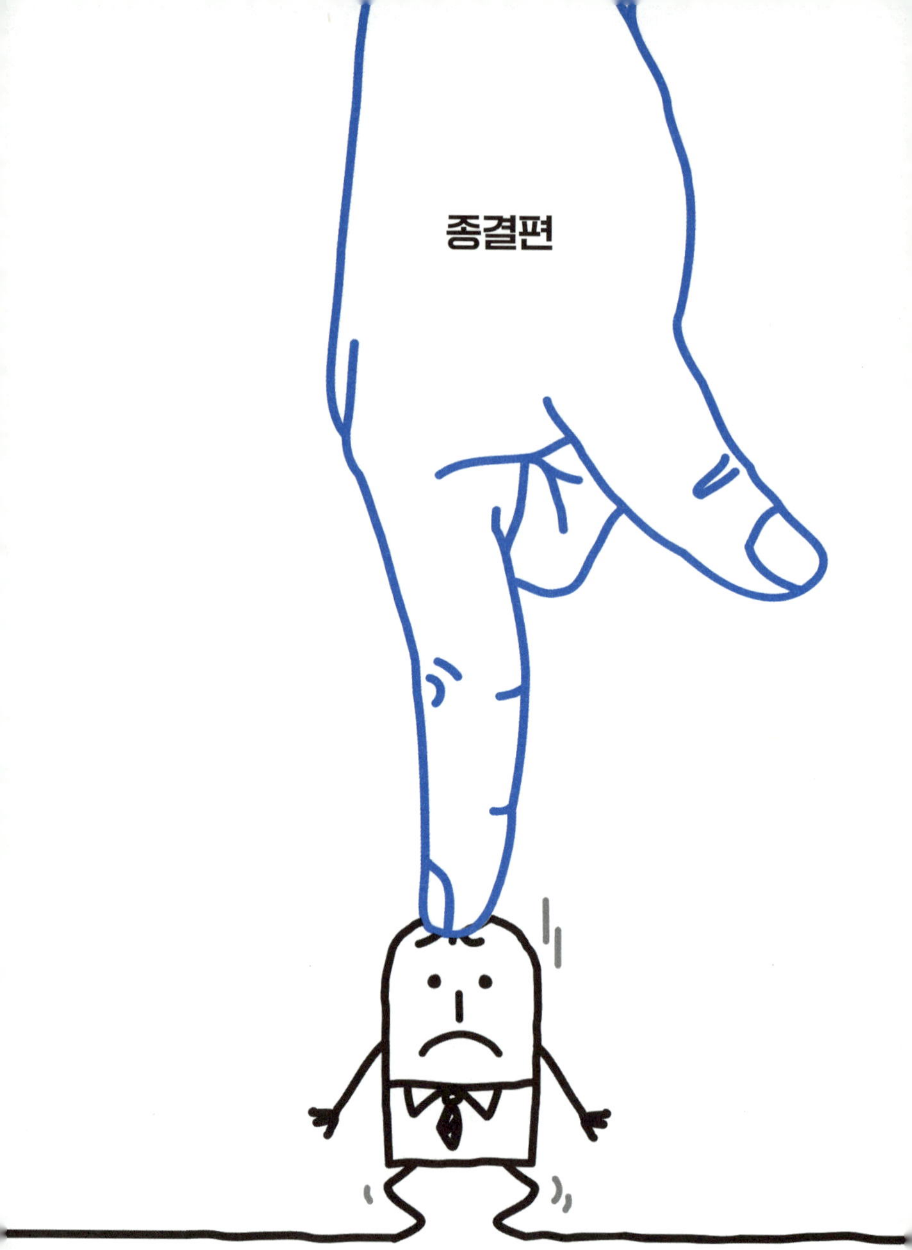

권태와 환멸의 시간

권태와 환멸의 시간

••• 권태와 환멸의 시간

1960년대에 이미 지구의 환경문제를 고발한 책, 『침묵의 봄(Silent Spring)』이라는 책이 있다. 이 책의 저자는 미국의 생물학자 레이첼 칼슨[1]이다. 그녀는 책에서 지구가 화학물질에 의한 오염이 연쇄적으로 파급되어 결국 새소리도 사라지는 침묵의 봄을 맞이하게 된다는 미래를 경고하고 있다. 이후 칼슨은 아이에게 자연의 소중한 체험을 전하고자, 『The Sense of Wonder』라는 책을 펴낸다. 책 내용에 이런 글이 있다.

"만일 우리가 모든 아이의 성장을 지켜보는 선량한 요정에게 말을 거는 힘을 갖고 있다고 한다면, 세상 모든 아이들의 생애에 절대 사라지지 않는 'Sense of Wonder'를 갖게 해달라고 부탁하게 될 것이다. 이 감성은 마침내 어른이 되면 권태와 환멸, 자연이라고 하는 힘의 원천으로부터 멀어지는 상황, 그리고 재미없는 인공적인 것에 몰입하는 것에 대해 변함없는 해독제가 될 것이다."

“Sense of Wonder”란, 신비로움과 놀라움에 감탄할 줄 아는 감성을 의미한다. 이런 감성을 소유하고 있는 자는 아이들이다. 아이들은 통찰력이나 직관력이 어른들처럼 정형화되지 않아서 레이첼 카슨이 말하는 “Sense of Wonder”의 모습, 그 자체라고 할 수 있다.

그래서 아이들은 철학자처럼 생각하고 미술가처럼 사물을 바라보면서 시인처럼 세상을 표현하고 있다. 이런 아이들은 마음속에 백옥 같은 새하얀 빛깔을 품고 번뜩이는 생각으로 우주를 꿈꾸며 살아가고 있다. 이 모습은 신성하며, 아름다움 그 자체이다.

그러나 안타깝게도 레이첼 카슨이 말하는 아이들의 ‘Sense of Wonder’ 감각은 성장하면서 거의 소멸하고 만다. 그러면서 대부분 정형화된 사고, 그리고 세상에 대한 권태와 환멸의 시간을 보낸다. 그러기에 정형화된 사고, 권태와 환멸의 시간의 해독제가 될 수 있도록, 즉 아이가 생애 절대 사라지지 않는 ‘Sense of Wonder’의 감각을 갖도록 도와주는 선량한 요정의 역할은 더없이 소중하다.

그렇다면 이런 선량한 요정의 역할을 하는 자들은 과연 누구인가? 대표적으로는 교사라는 신분을 가진 자들이다. 이들에게 정형화된 사고, 권태와 환멸의 시간의 해독제 역할이 주어져 있다. 그렇다면 이 역할을 수행하고 있는 자들은 존엄의 대상이다.

그런데 우리 사회에 이들에 대한 존엄이 존재하는가? 이 질문에 대한 답을 찾는 과정에서 우리는 반드시 **"우리 사회는 아이에 대한 존엄을 소유하고 있는가"**에 대한 질문에 봉착하게 된다. 이를 위한 이해를 위해서는 중세 시대의 흥미로운 관습 이야기가 도움이 된다.

••• 중세 시대의 흥미로운 관습

중세 유럽에는 다음과 같은 흥미로운 관습이 있었다. 의사는 환자 집을 방문할 때, 커다란 바구니 형태의 주머니를 등에 짊어지고 갔다. 의사 등에 달린 주머니는 안을 훤히 들여다볼 수 있도록 열려있는 상태다. 의사는 치료가 끝나면 환자에게 "그럼 몸조리 잘하세요"라고 인사하고는 등을 돌려 문으로 향한다. 그러면 의사의 등에 달린 주머니는 자연스레 환자 가족 쪽으로 향하게 된다. 이때 환자 가족은 치료비를 주머니에 넣는다.

그런데 의사는 이런 식으로 환자 집을 다니면서 치료비를 받기 때문에 어떤 환자가 얼마를 주머니에 넣었는지는 모른다. 당시 치료비는 금액이 정해져 있지 않았다고 한다. 어떤 치료를 받든 그 가정의 형편에 따라 치료비를 내면 되는 것이었다. 이런 식으로 해서 환자가 내는 치료비를 의사가 모르게 하는 것은 당시 신의 사명을 수행하는 이들에 대한 명예와 관련된 문제이기 때문이었다고 한다.

12세기 르네상스 이후 서구 세계에는 대학이 탄생하고, 13세기에 들어서서는 대학 학문이 의학, 신학, 법학으로 세분되었다. 대학에 이 3가지 학문이 가장 먼저 생긴 배경에는 당시 대학은 오늘날 같은 세속적인 직업교육의 개념보다는 신의 부름을 받은 자들을 위한 교육기관이라는 느낌이 강했기 때문이다. 그래서 이 세 학문이 먼저 생겼고, 이 과정을 통해 배출된 당시 의사, 성직자, 그리고 법조인에 대해 사회적으로 신의 사명을 수행하는 자들이라는 인식이 강했다. 의사, 성직자, 법조인 자신들도 이런 자신의 역할에 대해 소명이라는 의식이 강했다.

당시 사회에도 지금처럼 병마에 시달려 고통을 받는 자들에게 의술로 도움을 주는 의사가 필요하고, 정신적 불안으로 힘들어하는 자들에게 위로와 기도를 해주는 성직자가 필요했다. 그리고 차별이나 불공정으로 고통받고 있는 자들에게는 정의의 칼로 억울함을 해결해주는 법조인이 필요했다. 당시 소명의식으로 이런 역할을 수행하는 자들에 대한 존중은 대단했다고 한다.

신의 사명을 수행하는 이들에 대한 존중은 중세 가톨릭 미사 가운데도 잘 나타나 있다. 중세 시대의 가톨릭 미사 가운데 '봉헌(奉獻)'이라는 순서가 있다. 미사에 참가한 신자들은 봉헌 시간에 '헌금'이라는 형태로 신에게 감사의 뜻을 표한다. 이때 헌금하는 방식은 '헌금 주머니'를 옆 사람에게 받아서 헌금하고는 다른 옆 사람에게 건네주는 방식이다. 이런 식으로 헌금 주머니는 이날 미사에 참석한 모든 사람들을 거쳐가게 된다.

그런데 여기에 흥미로운 이야기가 하나 있다. 중세 가톨릭 신부는 미사에 참여한 예배자들에게 이런 부탁을 했다고 한다.

"만일 헌금을 할 돈이 없는 성도님은 옆 사람한테 건네받은 헌금 주머니를 그냥 옆 사람에게 넘기지 마세요. 성도님도 마치 손에 돈이 들어있는 것처럼 손을 움켜잡고 헌금 주머니에 손을 넣어주세요. 그러고 나서 옆 사람에게 헌금 주머니를 전달해 주세요."

아마, 당신은 이런 행위에 대해서 이렇게 생각할지 모른다.
"이건 신을 모독하는 행위다! 신에게 헌금하는 것처럼 흉내를 내다니…."

하지만 괜찮다. 그것은 속임수가 아니다. 당시 이런 행위도 신의 부름을 받은 사제에 대한 하나의 예의를 의미하는 것으로 받아들여졌다. 헌금하는 것처럼 흉내 내는 행위가 사제에 대한 예의? 우리의 의식으로는 이해하기 어렵다.

중세 사람들은 신과의 계약으로 신의 사명을 수행하는 사람들에 대해서는 존경하는 마음으로 예의를 갖고 대해야 한다는 의식이 강했다. 그래서 신의 부름을 받고 그 역할을 수행하고 있는 사제에게 보이는 예배자의 이런 행위도 당시 사제의 명예를 인정하는 하나의 증표이기도 했다.

내용물은 제로라도 괜찮다. 금액이 얼마이든 헌금 주머니에 손을 집어넣어 경의를 표하는 행위에서는 차이가 없기 때문이다. 그러므로 마치 손에 돈이 들어있는 것처럼 손을 움켜쥐고 헌금 주머니에 집어넣는 행위는 속임수가 아니라, 내용이 있는 훌륭한 행위가 되는 것이다.

이 이야기는 의사의 등에 달린 주머니 자루에 환자 가족이 치료비를 넣는 행위와도 같은 맥락이다. 환자가 치료비를 얼마 냈는지는 중요하지 않다. 아마 환자 가운데는 돈이 없어서 치료비를 내지 못하는 사람도 있을 것이다. 하지만 괜찮다. 중요한 것은 신의 사명을 수행하는 이들에게 경의를 표하고 명예를 존중하는 마음을 담고 있으면 되는 것이다.

그렇다면 여기에 의문을 하나 가져보자.

중세 유럽 사람들이 의사나 법조인, 그리고 사제에 대해 존엄을 느끼고 그들의 명예를 중요하게 생각했던 본질적인 이유는 무엇일까? 그 이유는 그들이 본인보다 공부를 더 많이 했다거나 그 능력이 비범해서가 아니었다. 그들은 존엄과 경외의 대상인

신의 부름에 응답하여 그 소명을 수행하고 있는 자들이라고 생각했기 때문이었다.

한번 생각해 보자. 기독교인이 비기독교인보다 목사에 대한 존엄의 감각을 유지하는 이유는? 그것은 목사라는 신분이 존엄하기 때문이 아닐 것이다. 목사라는 사람은 자신이 경외하는 신의 대언자 역할을 수행하는 삶을 살고 있는 자라는 생각 때문일 것이다.

당신은 당신의 부모와 친하게 지내는 A씨를 잘 모르지만, 당신의 마음에는 이미 A씨에 대해 좋은 이미지를 그리고 있다. 그 이유는? 당신의 마음에는 부모에 대한 신뢰와 사랑이 충만해 있기 때문이다. 그러나 만일 당신이 부모에 대한 사랑이나 신뢰가 없다면, A씨에 대한 좋은 이미지는 그리기 어려울 것이다.

··· 우리 사회는 아이의 존엄을 소유하고 있는가?

자~, 이제 당신에게 이런 질문 하나를 던져보자.

"우리 사회는 아이를 존엄의 대상으로 바라보고 있는가?"

아마 당신은 이렇게 대답할지 모른다. "당연한 이야기가 아닌가요? 우리 사회는 아동의 인권과 복지를 그 무엇보다 중요하게 생각하고 있습니다. 이를 위해 체벌을 금지하고 있으며, 아동보호를 위해 아동학대 기준도 매우 엄격하게 적용하고 있습니다. 그리고 우리나라는 교사를 대상으로 철저하게 학대 예방이나 아동권리 존중 교육을 실시하고 있지 않는가요."

하지만 당신의 대답은 아동 존중의 실천과는 거리가 있는 이야기다. 그 모습은 우리 사회가 안고 있는 양육이나 교육 불안을 해소하기 위한 보상심리의 산물일 수도 있기 때문이다.

아이에 대한 존엄의 실천은 시스템이나 제도로 채워지는 것이 아니다. 그 실천은 아이와 함께하는 자(예, 교사)를 어떻게 바라보는가에서 시작된다고 할 수 있다. 그 이유는 존엄의 대상(아이)과 함께하는 자(교사)를 부정해서는 존엄의 실천은 쉽지 않기 때문이다. 어느 한쪽만의 존엄의 존재는 이론적으로 불가능하다. 중세 시대의 사람들이 의사, 성직자, 법조인을 존엄의 대상으로 바라보았던 이유도 이런 맥락이었다. 의사, 성직자, 법조인에 대한 중세 사람들의 존엄 표현은 신에 대한 경외였던 것이다.

필자는 앞에서 당신에게 "우리 사회는 아이를 존엄의 대상으로 바라보고 있는가?"라는 질문을 던졌다. 이 질문에 답을 얻고 싶다면 "우리 사회는 아이와 함께하는 교사를 존엄의 대상으로 바라보고 있는가?"에 대해 생각하면 그 답을 얻을 수 있다. 관계성의 세계에서는 어느 한쪽만의 존엄은 존재할 수 없기 때문이다.

그런데 이런 감각 없이 떠드는 아동 권리와 인권 존중의 목소리, 즉 교사의 존엄에는 무관심하고 아이의 존엄만 외치는 자의 목소리는 마치 텅텅 비어 있는 바구니에 과일 그림으로 가득 채워 넣고는 정말 맛있는 과일로 가득 담겼다고 거짓 선전하는 것과 다름없다.

중세 시대 신의 부름을 받은 자들, 즉 사제나 의사, 법조인의 모습은 본질적으로 선량한 요정의 모습과 다름없었다. 그들은 병마에 시달려 고통을 받는 자에게 의술로 도움을 주었고, 정신적 불안으로 힘들어하는 자에게 위로와 기도를 해주었고, 차별이나 불공정으로 고통받고 있는 자에게는 정의의 칼로 억울함을 해결해 주었다. 중세 유럽 사회는 이런 역할을 하는 이들에게 절대적 경의를 표했고, 그들의 명예를 존중했다.

그렇다면 아이들의 부름을 받고, 아이들이 'Sense of Wonder'의 감각을 유지하여, 성장 후 정형화된 사고, 권태와 환멸의 시간의 해독제가 될 수 있도록 선량한 요정의 역할을 수행하고 있는 교사에 대한 우리 사회의 존엄은 무엇인가?

만일 우리 사회가 이 답을 찾아주지 않는다면 아이들은 성장하여 권태와 환멸, 재미없는 인공적인 것에 몰입하는 세상의 늪에서 끝없이 허우적거리게 될지도 모른다.

로마 시대의 최고 전성기 시절, 전쟁에서 대승리를 거둔 장군은 전리품을 몸에 걸치고 시내에서 호화로운 퍼레이드를 펼쳤다. 승리자는 자색과 금색의 예복을 입고, 월계관을 머리에 쓰고, 얼굴은 빨강 색칠을 하고, 몸은 왕좌에 맡기고는 시민들의 열광적인 환영과 축복, 그리고 찬미를 받았다.

그런데 이 의식에는 또 하나의 절대 잊어서는 안 되는 측면이 있었다. 장군의 옆에는 한 노예가 온종일 같이 따라다녔다. 노예는 위풍당당한 기세에 심취해 있는 장군이 오만해지지 않도록 장군의 귀에 끝없이 이렇게 작은 목소리로 속삭였다.

"메멘토 모리(memento mori, '죽음을 잊어서는 안 된다'는 뜻)"

오늘날 우리 사회는 아동학대에 대한 개념 해석이 오만해지면서 free size shoes가 되어 버린 아동학대 기준이 퍼레이드를 펼치고 있다. 우리는 이를 열광적으로 환영하고 찬미하고 있다.

그러나 로마의 승리자처럼 위풍당당한 기세에 심취해 있는 우리가 오만해지지 않도록 우리 귀에 작은 목소리로 뭔가 속삭이는 아이들의 이야기가 있다.

참고문헌

들어가는 글

1) David DeSteno(2014). The Truth About Trust(『信頼はなぜ裏切られるのか』寺町朋子訳、白揚社.

PART 1 아동학대에 대한 오해

Chapter 01 아동학대 개념의 탄생

1) Henry Kempe, C. (1976). Child Abuse and Neglect: The Family and the Community. Ballinger Pub Co.

Chapter 02 아동 학대자에 대한 오해

1) Schaffer, H. R., & Collis, G. M. (1986). Parental responsiveness and child behaviour. In W. Sluckin and M. Herbert (eds), *Parental Behaviour in Animals and Humans*. Oxford: Blackwell.
2) Harris, J. R.『育児の大誤解(2020)』関口正司訳、岩波文庫.
3) Harris, J. R.『子育ての大誤解(2017)上、下』石田理恵訳、早川書房.
4) Chess, S., Thomas, A., & Birch, H. G. (1967). Behaviour problems revisited: findings of an anterospective study. *Journal of the Amercian Academyn of Child Psychiatry*, 6, 321－31.
5) Thomas, A., & Chess, S. (1984). Genesis and evolution of behavioural disorders: from infancy to early adult life. *American Journal of Psychiatry*, 141, 1－9.

6) Sameroff, A. J., & Chandler, M. J. (1975). Reproductive risk and the continuum of caretaking casualty. In F. D. Horowitz, M. Hetherington, S. Scarr－Salapatek and G. Siegel (eds), *Review of Child Development Research*, vol. 4. Chicago: University of Chicago Press.
Starr, R. H., Jr. (1988). Pre－and perinatal risk and physical abuse. *Journal of Reproductive and Infant Psychology*, 6, 125－38.
7) Goldberg, S., & Marcovitch, S. (1986). Nutturing under stress: the care of pretern infants and developmentally delayed preschoolers. In A. Fogel and F. G. Melson (eds), *Origins of Nurturance*. Hillsdal, NJ: Erlbaum.
8) Thomas, A., & Chess, S. (1984). Genesis and evolution of behavioural disorders: from infancy to early adult life. *American Journal of Psychiatry*, 141, 1－9.
9) Schaffer, H. R., & Emerson, P. E. (1964). The development of social attachment in infancy. *Monographs of the Society for Research in Child Development, 29*(3, Whole No. 94), 1－77.
10) 현정환(2018). 『엄마의 해방』 창지사.
11) 杉山春(2017). 『児童虐待を考える』 朝日新書(p201, 坂井聖二).

Chapter 03 학대 피해 아동에 대한 오해

1) Bonanno, G. A. (2004). Loss, trauma, and human resilience: Have we underestimated the human capacity to thrive after extremely adverse events? *American Psychologist, 59*, 20－28.
Garmezy, N., Masten, A. S., & Tellegen, A. (1984). The study of stress and competence in children: A building block for developmental psychopathology. *Child Development, 55*, 97－111.
2) Dennis, W. (1973). *Children of the Creche*. New York: Appleton－Century－Crofts.
3) Koluchova, J. (1976). Severe deprivation in twins: a case study. In A. M. Clarke and A. D. B. Clarke (eds), *Early Experinece: Myth and Evidence*. London: Open Books.

4) Terr, L. C. (1983). Chowchilla revisited: The effects of psychic trauma four years after a school–bus kidnapping. *American Journal of Psychiatry, 140*, 1543–1550.

5) Rutter, M. (1981). *Maternal Deprivation Reassessed* (second edition). Harmondworth: Penguin.

Shepherd, D. M., & Barraclough, B. M. (1976). The aftermath of parental suicide for children. *British Journal of Psychiatry, 129*, 267–76.

6) Rachel, D. M. (1994). Awakening from the dream: The experience of childhood in Protestant orphan homes in Australia, Canada, and the United States. *Child & Youth Care Forum*, 23, 393–412.

7) Koluchovà, J. (1972). Severe deprivation in twins: A case study. *Journal of Child Psychology and Psychiatry*, 13, 107–114.

Koluchovà, J. (1972). The future development of twins after severe and prolonged deprivation: A second report. *Journal of Child Psychology and Psychiatry*, 17, 181–188.

8) Emma, B. (2017). *Swearing Is Good For You: The Amazing Science of Bad Language*. Felicity Bryan Associates, Oxford.

9) Freud, A., & Dann, S. (1967). An experiment in group upbringing. In Y. Brackbill & G. G. Thompson (Eds), *Behavior in infancy and early childhood* (pp. 494–514). New York: Free Press.

Hartub, W. W. (1983). Peer relations. In P H. Mussen (Series Ed.) & E. M. Hetherington (Vol. Ed.) *Handbook of child psychology: Vol. 4. Socialization, personality, and social development* (4th ed., pp. 103–196). New York: Wiley.

10) Hetherington, E. M., Cox, M., & Cox, R. (1985). Long–term effects of divorce and remarriage on the adjustment of children. *Journal of the American Academy of Psychiatry, 24*, 518–530.

11) Hetherington, E. M., & Kelly, J. (2002). *For better or for worse: Divorce reconsidered.* New York: W. W. Norton.

12) Amato, P. R., & Booth, A. (1997). *A generation at risk: Growing up in an era of family upheaval.* Cambridge, MA: Harvard Uni.

Press.
Rutter, M. (1972). *Maternal dependence reassessed.* New York: Penguin.
13) 杉山春(2017). 『児童虐待から考える』 朝日新書(p87, 西沢).
14) Cohen, P., & Cohen, J. (1984). The clinician's illusion. *Archives of General Psychiatry, 41*, 1178－1182.
Schachter, S. (1982). Recidivism and self－cure of smoking and obesity. *American Psychologist, 37*, 436－444.

Chapter 04 학대 아동에 대한 불길한 예언이 낳는 폭력성

1) 뉴욕타임즈의 기사(2004년 2월 27일): "For Exercise in New York Futility, Push Button", publicerad den 27: e februari 2004(出処：予測脳 中村冬美訳、日経BP).
2) CNN의 기사(온라인 2018년 9월 3일): Illusion of control: Why the world is full of buttons that don't work", publicerad online den 3 september 2018.
3) Karin Jensen(2022). Placebo Effect(『予測脳』 中村冬美訳、日経BP).
4) Jonas et al. (2015). "To what extent are surgery and invasive procedures effective beyond a placebo response? A systematic review with meta－analysis of randomised, sham controlled trials", BMJ Open, 5(12):e009655.
5) The Powerful Placebo: From Ancient Priest to Modern Phycician av Arthur och Elaine Shapiro, kapitlet "The Semantics of the Placebo", s. 29－30.
6) Henry K. Beecher(2002). 『偽薬効果』 (笠原敏雄 編集) 春秋社.
7) Petrovic et al. (2002). "Placebo and Opioid Analgesia－Imaging a Shared Neuronal Network", 295(5560), 1737－40.
8) Karin Jensen(2022). Placebo Effect(『予測脳』 中村冬美訳、168－169, 日経BP).
9) Rao & Monroe(1989). The effect of price, brand name, and store name on buyers' perceptions of product quality. *Journal Marketing Research, 26*(3), 351－357.

10) Geuter at al. (2013). Cortical and subcortical responses to high and low effective placebo treatments. *Neuroimage*, 15; 67: 227−36.
11) Levy, B., & E. Langer(1994). Aging free from negative stereotypes: Successful memory in China among the American deaf. *Journal of Personality and Social Psychology 66*, 989−97.
12) Levy, B. R., et al. (2009). Age stereotypes held earlier in life predict cardivovascular events in later life. *Psychological Science 20*, 296−98.
13) Levy, B. R., et al. (2002). Longevity increased by positive self−perceptions of agine. *Journal of Personality and Social Psychology 83*, 261−70.
14) ボーヴォワール(2021). 「老い (NHK100分de名著)」 上野千鶴子 著 日本放送協会 編集 NHK出版.
15) ニコラス・エプリー(2015). 『人の心はよめるか(波多野梨彩子訳)』 229−231. 早川書房.
16) Grelotti & Kaptchuk(2011). Placebo by proxy. The BMJ, 343: d4345.

PART 2 실체가 없는 아동학대의 탄생

Chapter 01 소박한 부모 편애주의자

1) Hyman, I. E., Husband, T. H., & Billings, F. J. (1995). False memories of childhood experiences. *Applied Cognitive Psychology*, *9*, 181−197.
2) 越智啓太(2014).『つくられる偽りの記憶: あなたの思い出は本物か?』化学同人.
3) 梅沢礼(2023). 『犯罪へ至る心理ーエティエンヌ、ド、グレーフの思想と人生』 光文社新書.
4) Po Bronson & Ashley Merryman(2009). Nurture Shock(日本語版、間違いだらけの子育て. 小松淳子訳、インターシフト).

5) Po Bronson & Ashley Merryman(2009). Nurture Shock(日本語版、間違いだらけの子育て. 小松淳子訳、インターシフト). 90－114.
6) Talwar V, Lee K, Bala N, Lindsay RC. (2002). Children's conceptual knowledge of lying and its relation to their actual behaviors: implications for court competence examinations. *Law Hum Behav.* 26(4), 395－415.
7) 梅沢礼(2023). 『犯罪へ至る心理－エティエンヌ、ド、グレーフの思想と人生』 光文社新書.
8) Bussey, K. (1999). Children's Categorization and Evaluation of Different Types of Lies and Truths. *Child Development, 70*(6), 1338-1347.
Wagland P, Bussey K.(2005). Factors that facilitate and undermine children's beliefs about truth telling. *Law and Human Behavior. 29*, 639－655.

Chapter 02 미디어가 생산한 아동학대의 탄생

1) Y는 연도(Year)의 첫 글자를 딴 것이고, K는 1000(kilo)을 의미함으로 2000년을 가리킨다.
2) Galtung, J., & Ruge, M. H. (1970). The structure of foreign news. In J. Tunstall (Ed.), *Media sociology: A reader.* Constable. 259－298.
3) 오세현, 강현아(2021). 아동학대 정책 변화 시점 뉴스 분석－텍스트 마이닝을 활용하여. **한국아동복지학,** 70(3), 1－31.
4) Weaver, K., Garcia, S. M., Schwarz, N., & Miller, D. T. (2007). Inferring the popularity of an opinion from its familiarity: A repetitive voice can sound like a chorus. *Journal of Personality and Social Psychology, 92*(5), 821－833.
5) 오세현, 강현아(2021). 아동학대 정책 변화 시점 뉴스 분석－텍스트 마이닝을 활용하여. **한국아동복지학,** 70(3), 1－31.
6) ジョージ ケリー(1958). 『Man's Construction of his Alternatives』 ハーバードの心理学講義.

Chapter 03 인간의 편의주의적 사고가 낳은 아동학대의 탄생

1) Michelle Baddeley(2018). 『Behavioural Economics(行動経済学)』 土方奈美訳、早川書房.
2) McCutcheon, L. E., & McCutcheon, L. E. (1994). Not guilty by reason of insanity: Getting it right or perpetuating the myths? *Psychological Reports, 74*, 764–766.
3) 岩波明(2019). 『天才と発達障害』 文春新書.
4) Gilovich, T. (1983). Biased evaluation and persistence in gambling. *Journal of Personality and Social Psychology, 44*(6), 1110–1126.

PART 3 **3가지 덫**

Chapter 01 CCTV 영상물의 마술

1) Lassiters, G. D., Ratciff, J. J., Ware, L. J., & Irvin, C. R. (2006). Videotaped confessions: Panacea or Pandora's box? *Law and Policy, 28*, 192–210.
2) 指宿信(2016). 『被疑者取り調べ録画制度の最前線ー可視化をめぐる法と緒科学』 法律文化社.
3) 安部祥太(2017). 裁判員裁判と取り調べ録音・録画ー「撮ること」の重要性と「見ること」の危険性. 法学セミナー、750, 42–46.
4) サトウ タツヤ・若林 宏輔·指宿 信・松本 克美・廣井 亮一(2020). 『法と心理学への招待』 有斐閣.

Chapter 02 비단벌레식 아동학대 해석과 그 기준의 이중성

1) 廣井亮一(2023). 『悪さをしない子は悪人になります』 新潮新書.
2) Plester, B., & Sayer, J. (2007). 'Taking the Piss': Functions of Banter in the IT Industry. *Humor 20*, 157–187.
3) 박수희(2020). 아동학대범죄에 대한 대응방안의 문제점과 개선방안 : 보호자의 아동학대를 중심으로. **한국범죄정보연구,** 6(2), 81–101.
4) 현정환(2018). 『엄마의 해방』 창지사.

PART 4 **야만의 희생**

Chapter 01 양육과 교육 불안의 희생양

1) Kluckhohn, C. (1971). 『文化人類学の世界—人間の鏡(外山 滋比古, 金丸 由雄 訳』講談社現代新書.
2) Syed, M. (2021). 『The Power of Diverse Thinking』 (多様性の科学、Discover).
3) Stephen Sales(1972). 'Economics Threat as a Determinant of Conversion Rates in Authoritarian and Nonauthoritarian churches', *Journal of Personality and Social Psychology*, *23*(3), 420－8.

Chapter 02 자유, 사랑, 용기의 몰락

1) Harris, J. R. (2017). 『子育ての大誤解 (石田理恵 訳)』 早川書房.
2) 그는 러시아 혁명과 스탈린의 배신에 바탕을 둔 정치 우화 『동물농장』으로 일약 명성을 얻게 된 영국의 소설가이다. 그는 이후 지병인 결핵으로 입원 중 걸작 『1984년』을 완성하게 된다.

Chapter 03 분노의 희생양

1) 山口尚(2023). 『人が人を罰するということ』 筑摩書房.
2) 高橋則夫(2024). 『刑の重さは何で決まるのか』 筑摩書房.
3) 伊藤 亜紗 外 4人(2021). 『「利他」 とは何か』 集英社新書.
4) 小坂井敏晶(2008). 『責任という虚構』 東京大学出版会.

PART 5 **과연 도움이 되는 방법인가?**

Chapter 01 아동학대 예방 교육은 학대 방지에 도움이 되는가?

1) 山岸 俊男(2008). 『日本の「安心」はなぜ、消えたのか』 集英社インターナショナル.
2) 堀内進之介(2019). 『善意という暴力』 幻冬舎新書.
3) 森田のり(2003). 『しつけと体罰』 童話館出版.

4) U.S. Department of Health & Human Services, Administration for Children and Families, Administration on Children, Youth and Families & Children's Bureau. (2023). Child Maltreatment 2021.

Chapter 02 감시 시스템은 인간행동 통제의 효과적인 수단인가?

1) Dan Ariely(2014). The (Honest) Truth About Dishonesty(『ずる(p.38)』 櫻井裕子訳, 早川書房.)
2) 댄 에일리(Dan Ariely)(2012). 『ずるー嘘とごまかしの行動経済学』 ダン アリエリー(著), 櫻井 祐子(翻訳), 早川書房.
3) Dan Ariely(2014). The (Honest) Truth About Dishonesty(『ずる(pp.31－33)』 櫻井裕子訳, 早川書房.)
4) Tali Sharot(2019). The Influential Mind(『事実はなぜ人の意見を変えられないのかー説得力と影響力の科学(p70)』 上原 直子(訳), 白揚社.
5) 이이나 외 3인(2021). 보육시설에서의 아동학대 반복 피해 요인. **한국범죄심리학연구**, 17(3), 113－126.

Chapter 03 현장에 답이 있다!

1) José Ortega y Gasset(2019). 『大衆の反逆 (中島岳志編)』 NHKテキスト.
2) Willis, L. E. (2008). Evidence and ideology in assessing the effectiveness of financial literacy education. *San Diego Law Review 46*: 415－58.
3) 丹羽宇一郎(2019). 『人間の本性』 幻冬舎新書.
4) Fich, S. (October 3, 2011). When Harry should avoid meeting Sally. *New York Times*.
5) ニコラス、エプリー(Nicholas Epley)(2015). 『人の心は読めるか (波多野理彩子訳)』 早川書房 (p229).
6) Palazzolo, R. (August 30, 2005). Why do some stay, despite evacuation orders? *ABC News*.
Stephens, N. M. et al. (2009). Why did they "choose" to stay? Perpectives of Hurricane Katrina obsevers and survivors.

Psychological Science 20: 878-86.

7) Gould, S. J. (1996). *Full house: The spread of excellence from Plato to Darwin*. New York: Harmony Books, p. 57.

PART 6 **아동학대의 출구를 찾아서**

Chapter 01 누구라도 그렇게 될 수 있다

1) Daniel Gilbert(2013).『明日の幸せを科学する (熊谷淳子訳)』早川書房.
2) Gilovich, T. (1987). Secondhand information and social judgement. *Journal of Experimental Social Psychology*, *23*, 59-74.
3) 越智啓太, 木戸麻由美(2010).「大量殺傷犯人の属性と犯人パターン (1) 日本における大量殺傷事件の類型」法政大学文学部紀要、62, 113-124.
4) 越智啓太(2008).『犯罪捜査の心理学ープロファイリングで犯人に迫る』化学同人
5) Hall, J. R., & Benning, S. D. (2006). The "Successful" Psychopath: Adaptive and Subclinical Manifestations of Psychopathy in thc General Population. In C. J. Patrick (Ed.), *Handbook of psychopathy* (pp. 459-478). The Guilford Press.
6) ESPN(August 31, 2012). Tyler Hamilton: Lance gave me PEDs. 기사의 URL: http://espn.go.com/olympics/cycling/story/_/id8139041/book-tyler-hamiton-says-lance-armstrong-gave-peds

Chapter 02 학대가 발생하기 쉬운 상황

1) Mike Adams(1990). "The Dead Grandmother/ Exam Syndrome and the Potential Downfall of American Society, *The Connecticut Review*.
2) 현정환(2022). 교사의 번아웃 및 아동 행동 피해 인식이 아동학대 행동의 수용적 이해에 미치는 영향. **한국영유아보육학, 제136집**, 57-76.
3) 中谷奈美子・中谷素え(2006). 母親の被害的認知が虐待的行為に及ぼす影響. *発達心理学研究, 17(2)*, 148-158.

4) Baumeister, R. F., & Tierney, J. (2011). *Willpower: Rediscovering the Greatest Human Strength.* New York: Penguin Press (『WILLPOWER 意志力の科学』渡会圭子訳、インターシフト、2013年)
5) Baba Shiv and Alexander Fedorikhin(1999). “Heart and Mind in Conflict: The Interplay of Affect and Cognition in Consumer Decision Making.” *The Journal of Consummer Research.*
6) Richard H Thaler and Cass R Sunstein(『実践行動経済学(2009)』遠藤真美訳、日経BP.)

7) Bronfenbrenner, U. (1979). *The Ecology of Human Development: Experiments by Nature and Design.* Cambridge, MA: Harvard University Press.

Chapter 03 학대 예방의 특효약은 '여유'이다!

1) 滝川一廣(2017).『子どものための精神医学』医学書院.
2) Unicef Annual Report(1993)
3) 이 내용은 필자의 저서『엄마의 해방(2018)』에서 일부 발췌한 내용임.
4) Hochschild, A. R. (1983). *The Managed Heart－Commercialization of Human Feeling*－1st ed., The University of California.

Chapter 04 우리 모두가 승리자가 되는 비법

1) ニコラス・エプリー(2015).『人の心はよめるか』波多野理彩子訳、早川書房.
2) Maryann Keller(1990).『GM帝国の崩壊』鈴木主税訳、草思社.
3) Sutton, R. I. (2007). *The no asshole rule: Building a civilized workplace and surviving one that isn't.* New York: Business Plus.
4) 杉山春(2017).『児童虐待から考える』朝日新書.
5) 中谷 奈美子, 中谷 素之(2006). 母親の被害的認知が虐待的行為に及ぼす影響. 発達心理学研究、17(2), 148－158.

종결편: 권태와 환멸의 시간

1) Rachel Louise Carson(1907–1964). 『The Sense of Wonder: A Celebration of Nature for Parents and Children』 Kindle Edition, Harper Perennial.

누구라도 그렇게 되는 것은 아니지만 누구라도 그렇게 될 수 있다

초판발행	2025년 5월 15일
지은이	현정환
펴낸이	노 현
편 집	김다혜
기획/마케팅	조정빈
표지디자인	BEN STORY
제 작	고철민·김원표
펴낸곳	㈜ 피와이메이트 서울특별시 금천구 가산디지털2로 53, 210호 (가산동, 한라시그마밸리) 등록 2014. 2. 12. 제2018-000080호
전 화	02)733-6771
f a x	02)736-4818
e-mail	pys@pybook.co.kr
homepage	www.pybook.co.kr
ISBN	979-11-7279-120-9 93370

정 가 19,000원

박영스토리는 박영사와 함께하는 브랜드입니다.